메밀꽃 필 무렵

이효석

낙엽기 / 돈 / 석류 / 들 / 장미 병들다 / 산정
고사리 / 향수 / 수탉 / 황제 / 약령기 / 사냥

SR&B(새로본닷컴)

장승업의 〈게〉

〈베스트 논술 한국대표문학(전60권)〉을 펴내며

어린 시절의 독서는 평생의 이성과 열정을 보장해 줄 에너지의 탱크를 채우는 일입니다. 인생의 지표를 세울 수 있는 가장 믿을 만한 방법이기도 합니다.

새로 접하는 사물의 이치를 터득하려면 그 정보를 대뇌 속에 담는 프로그램이 마련되어 있어야 합니다. 그 프로그램을 구축하는 가장 효과적인 방법이 지속적인 독서입니다. 독서는 책과 나의 쌍방향적인 대화이며 만남이며 스킨십입니다.

그러나 단순한 독서만으로는 생각하는 힘과 정확히 표현하는 힘을 키울 수 없습니다. 〈베스트 논술 한국대표문학〉은 이에 유의하여 다음과 같이 편찬하였습니다.

① 초 · 중 · 고 교과서에 실린 고전 및 현대 문학 작품부터 〈삼국유사〉, 〈난중일기〉, 〈목민심서〉 등 우리의 정신을 일깨워 주고 우리에게 지혜와 용기를 준 '위대한 한국 고전'에 이르기까지 한 권 한 권을 가려 뽑았습니다.

② 각 권의 내용과 특성을 분석하여, '작가와 작품 스터디', '논술 가이드' 등을 덧붙여 생각하는 힘, 표현하는 힘을 키울 수 있도록 각 분야의 권위 학자, 논술 전문가들이 심혈을 기울였습니다.

③ 특히 현대 문학 부문은 최근 학계에서, 이 때까지의 오류를 바로잡아 정확한 텍스트를 확정한 것을 반영하였고, 고전 부문은 쉽고 아름다운 현대 국어로 재현하였습니다.

④ 각 작품에 관련된 작가의 고향을 비롯한 작품의 배경, 작품의 참고 자료 등을 일일이 답사 촬영하거나 수집 · 정리하여 화보로 꾸몄고, 각 작품의 갈피 갈피마다 아름다운 그림을 넣어, 작품에 좀더 친근감 있게 접근할 수 있도록 하였습니다.

이 〈베스트 논술 한국대표문학〉이 여러분이 '큰 사람', '슬기로운 사람'이 되는 데 충실한 밑거름이 되기를 바랍니다.

〈베스트 논술 한국대표문학〉 편찬위원회

이효석

이효석의 가족

이효석 상

이효석 생가의 터 비

이효석의 생가 앞에
피어난 메밀꽃

이효석의 생가

이효석 문학관 가는 길

이효석 문학관 내부

이효석 문학관

봉평 장터

이효석이 사용하던 책상

이효석 문학비

차례

메밀꽃 필 무렵

메밀꽃 필 무렵

여름 장이란 애시당초에 글러서, 해는 아직 중천에 있건만 장판은 벌써 쓸쓸하고 더운 햇발이 벌여 놓은 전* 휘장 밑으로 등줄기를 훅훅 볶는다. 마을 사람들은 거지반 돌아간 뒤요, 팔리지 못한 나무꾼 패가 길거리에 궁싯거리고들* 있으나, 석유병이나 받고 고기 마리나 사면 족할 이 축들을 바라고 언제까지든지 버티고 있을 법은 없다. 츱츱스럽게* 날아드는 파리 떼도 장난꾼 각다귀*들도 귀치않다. 얼금뱅이*요 왼손잡이인 드팀전*의 허 생원은 기어코 동업의 조 선달에게 낚아 보았다.

"그만 걷을까?"

"잘 생각했네. 봉평*장에서 한 번이나 흐붓하게 사 본 일 있었을까.

---

* 전　물건을 늘어놓고 파는 가게.
* 궁싯거리다　어찌할 바를 몰라 이리저리 머뭇거리다.
* 츱츱스럽다　너절하고 염치가 없다.
* 각다귀　남의 것을 뜯어 먹고 사는 사람을 비유적으로 이르는 말.
* 얼금뱅이　얼굴이 얼금얼금 얽은 사람을 낮잡아 이르는 말.
* 드팀전　베, 무명, 비단 따위의 온갖 천을 팔던 가게.
* 봉평(蓬坪)　강원도 평창군 북서쪽 끝에 있는 고을. 작가 이효석의 고향이기도 하다.

내일 대화*장에서나 한몫 벌어야겠네."

"오늘 밤은 밤을 패서* 걸어야 될걸?"

"달이 뜨렷다?"

절렁절렁 소리를 내며 조 선달이 그 날 산 돈을 따지는 것을 보고 허 생원은 말뚝에서 넓은 휘장을 걷고 벌여 놓았던 물건을 거두기 시작하였다. 무명 필과 주단 바리가 두 고리짝에 꼭 찼다. 멍석 위에는 천 조각이 어수선하게 남았다.

다른 축들도 벌써 거진 전들을 걷고 있었다. 약빠르게 떠나는 패도 있었다. 어물 장수도 땜장이도 엿장수도 생강 장수도, 꼴들이 보이지 않았다. 내일은 진부와 대화에 장이 선다. 축들은 그 어느 쪽으로든지 밤을 새며 육칠십 리 밤길을 타박거리지 않으면 안 된다. 장판은 잔치 뒷마당같이 어수선하게 벌어지고, 술집에서는 싸움이 터져 있었다. 주정꾼 욕지거리에 섞여 계집의 앙칼진 목소리가 찢어졌다. 장날 저녁은 정해 놓고 계집의 고함 소리로 시작되는 것이다.

"생원, 시침을 떼두 다 아네…… 충줏집 말야."

계집 목소리로 문득 생각난 듯이 조 선달은 비죽이 웃는다.

"화중지병*이지. 면소*패들을 적수로 하구야 대거리가 돼야 말이지."

"그렇지두 않을걸. 축들이 사족들 못 쓰는 것도 사실은 사실이나, 아무리 그렇다군 해두 왜 그 동이 말일세, 감쪽같이 충줏집을 후린 눈치거든."

"무어, 그 애숭이가? 물건 가지고 낚었나 부지. 착실한 녀석인 줄 알았더니."

"그 길만은 알 수 있나…… 궁리 말구 가 보세나그려. 내 한턱 씀세."

---

* 대화(大和) 강원도 평창군 중앙에 있는 고을.
* 패다 새우다.
* 화중지병(畵中之餅) 그림의 떡.
* 면소(面所) 면사무소.

  그다지 마음이 당기지 않는 것을 쫓아갔다. 허 생원은 계집과는 연분이 멀었다. 얼금배기 상판을 쳐들고 대어설 숫기도 없었으나 계집 편에서 정을 보낸 적도 없었고, 쓸쓸하고 뒤틀린 반생이었다. 충줏집을 생각만 하여도 철없이 얼굴이 붉어지고 발 밑이 떨리고 그 자리에 소스라쳐 버린다. 충줏집 문을 들어서서 술좌석에서 짜장* 동이를 만났을 때에는 어찌 된 서슬엔지 발끈 화가 나 버렸다.

  상 위에 붉은 얼굴을 쳐들고 제법 계집과 농탕치는 것을 보고서야 견딜 수 없었던 것이다. 녀석이 제법 난질꾼*인데 꼴사납다. 머리에 피도

---

* 짜장 과연 정말로.
* 난질꾼 술과 여자에 빠져 방탕하게 놀기를 잘 하는 사람.

안 마른 녀석이 낮부터 술 처먹고 계집과 농탕이야. 장돌뱅이 망신만
시키고 놀아다니누나. 그 꼴에 우리들과 한몫 보자는 셈이지. 동이 앞
에 막아서면서부터 책망이었다. 걱정두 팔자요 하는 듯이 빤히 쳐다보
는 상기된 눈망울에 부딪힐 때, 결김에 따귀를 하나 갈겨 주지 않고는
배길 수 없었다. 동이도 화를 쓰고 팩하게 일어서기는 하였으나, 허 생
원은 조금도 동색하는 법 없이 마음먹은 대로는 다 지껄였다.

"어디서 줏어먹은 선머슴인지는 모르겠으나, 네게도 애비 에미 있겠
지. 그 사나운 꼴 보문 맘 좋겠다. 장사란 탐탁하게 해야 되지, 계집
이 다 무어야. 나가거라, 냉큼 꼴 치워.

그러나 한 마디도 대거리하지 않고 하염없이 나가는 꼴을 보려니, 도

리어 측은히 여겨졌다. 아직두 서름서름한* 사인데 너무 과하지 않았을까 하고 마음이 섬짓해졌다. 주제도 넘지, 같은 술손님이면서두 아무리 젊다고 자식 낳게 되는 것을 붙들고 치고 닦아셀 것은 무어야 원. 충줏집은 입술을 쫑긋하고 술 붓는 솜씨도 거칠었으나, 젊은 애들한테는 그것이 약이 된다나 하고 그 자리는 조 선달이 얼버무려 넘겼다. 너 녀석한테 반했지? 애숭이를 빨문 죄 된다. 한참 법석을 친 후이다. 맘도 생긴데다가 웬일인지 흠뻑 취해 보고 싶은 생각도 있어서 허 생원은 주는 술잔이면 거의 다 들이켰다.

거나해짐을 따라 계집 생각보다도 동이의 뒷일이 한결같이 궁금해졌다. 내 꼴에 계집을 가로채서는 어떡헐 작정이었누 하고 어리석은 꼬락서니를 모질게 책망하는 마음도 한편에 있었다. 그러기 때문에, 얼마나 지난 뒤인지 동이가 헐레벌떡거리며 황급히 부르러 왔을 때에는 마시던 잔을 그 자리에 던지고 정신 없이 허덕이며 충줏집을 뛰어나간 것이었다.

"생원 당나귀*가 바*를 끊구 야단이에요."

"각다귀들 장난이지 필연코."

짐승도 짐승이려니와 동이의 마음씨가 가슴을 울렸다. 뒤를 따라 장판을 달음질하려니 게슴츠레한 눈이 뜨거워질 것 같다.

"부락스런 녀석들이라 어쩌는 수 있어야죠."

"나귀를 몹시 구는 녀석들은 그냥 두지는 않는걸."

반평생을 같이 지내온 짐승이었다. 같은 주막에서 잠자고, 같은 달빛에 젖으면서 장에서 장으로 걸어다니는 동안에 이십 년의 세월이 사람과 짐승을 함께 늙게 하였다. 가스러진 목 뒤 털은 주인의 머리털과도

---

* 서름서름하다 남과 가깝지 못하여 서먹하다.
* 당나귀 말과에 속하는 한 종. 말과 비슷하나 말보다 작고 앞머리에 긴 털이 없음.
* 바 삼이나 칡 따위로 세 가닥을 지어 굵다랗게 드린 줄.

같이 바스러지고, 개진개진 젖은 눈은 주인의 눈과 같이 눈곱을 흘렸다. 몽당비처럼 짧게 쓸린 꼬리는, 파리를 쫓으려고 기껏 휘저어 보아야 벌써 다리까지는 닿지 않았다. 닳아 없어진 굽을 몇 번이나 도려내고 새 철을 신겼는지 모른다. 굽은 벌써 더 자라나기는 틀렸고 닳아 버린 철 사이로는 피가 빼짓이 흘렀다. 냄새만 맡고도 주인을 분간하였다. 호소하는 목소리로 야단스럽게 울며 반겨한다.

어린아이를 달래듯이 목덜미를 어루만져 주니 나귀는 코를 벌름거리고 입을 투루루거렸다. 콧물이 튀었다. 허 생원은 짐승 때문에 속도 무던히는 썩었다. 아이들의 장난이 심한 눈치여서 땀 밴 몸뚱어리가 부들부들 떨리고 좀체 흥분이 식지 않는 모양이었다. 굴레가 벗어지고 안장도 떨어졌다. 요 몹쓸 자식들, 하고 허 생원은 호령을 하였으나 패들은 벌써 줄행랑을 논 뒤요, 몇 남지 않은 아이들이 호령에 놀라 비슬비슬 멀어졌다.

"우리들 장난이 아니우. 암놈을 보고 저 혼자 발광이지."

코흘리개 한 녀석이 멀리서 소리쳤다.

"고 녀석 말투가……."

"김 첨지 당나귀가 가 버리니까 왼통 흙을 차고 거품을 흘리면서 미친 소같이 날뛰는걸. 꼴이 우스워 우리는 보고만 있었다우. 배를 좀 보지."

아이는 앵돌아진 투로 소리를 치며 깔깔 웃었다. 허 생원은 모르는 결에 낯이 뜨거워졌다. 뭇 시선을 막으려고 그는 짐승의 배 앞을 가리어 서지 않으면 안되었다.

"늙은 주제에 암샘을 내는 셈야. 저놈의 즘생이."

아이의 웃음소리에 허 생원은 주춤하면서 기어코 견딜 수 없어 채찍을 들더니 아이를 쫓았다.

"쫓으려거든 쫓아 보지. 왼손잡이가 사람을 때려."

줄달음에 달아나는 각다귀에는 당하는 재주가 없었다. 왼손잡이는 아이 하나도 후릴 수 없다. 그만 채찍을 던졌다. 술기도 돌아 몸이 유난스럽게 화끈거렸다.

"그만 떠나세. 녀석들과 어울리다가는 한이 없어. 장판의 각다귀들이 란 어른보다도 더 무서운 것들인걸."

조 선달과 동이는 각각 제 나귀에 안장을 얹고 짐을 싣기 시작하였다. 해가 꽤 많이 기울어진 모양이었다.

드팀전 장돌림을 시작한 지 이십 년이나 되어도 허 생원은 봉평장을 빼논 적은 드물었다. 충주, 제천 등의 이웃 군에도 가고, 멀리 영남 지 방도 헤매기는 하였으나, 강릉쯤에 물건 하러 가는 외에는 처음부터 끝 까지 군내를 돌아다녔다. 닷새만큼씩의 장날에는 달보다도 확실하게 면에서 면으로 건너간다. 고향이 청주라고 자랑삼아 말하였으나, 고향 에 돌보러 간 일도 있는 것 같지는 않았다. 장에서 장으로 가는 길의 아 름다운 강산이 그대로 그에게는 그리운 고향이었다. 반날 동안이나 뚜 벅뚜벅 걷고 장터 있는 마을에 거지반 가까웠을 때, 거친 나귀가 한바 탕 우렁차게 울면……, 더구나 그것이 저녁녘이어서 등불들이 어둠 속 에 깜박거릴 무렵이면, 늘 당하는 것이건만 허 생원은 변치 않고 언제 든지 가슴이 뛰놀았다.

젊은 시절에는 알뜰하게 벌어 돈푼이나 모아 본 적도 있기는 있었으 나, 읍내에 백중*이 열린 해 호탕스럽게 놀고 투전을 하고 하여 사흘 동 안에 다 털어 버렸다. 나귀까지 팔게 된 판이었으나 애끓는 정분에 그 것만은 이를 물고 단념하였다.

결국 도로아미타불로 장돌이를 다시 시작할 수밖에 없었다. 짐승을

---

* 백중(百中) 음력 칠월 보름. 승려들이 재를 설하여 부처를 공양하는 날.

데리고 읍내를 도망쳐 나왔을 때에는, 너를 팔지 않기 다행이었다고 길가에서 울면서 짐승의 등을 어루만졌던 것이었다. 빚을 지기 시작하니 재산을 모을 염은 당초에 틀리고 간신히 입에 풀칠을 하러 장에서 장으로 돌아다니게 되었다.

호탕스럽게 놀았다고는 하여도 계집 하나 후려 보지는 못하였다. 계집이란 쌀쌀하고 매정한 것이다. 평생 인연이 없는 것이라고 신세가 서글퍼졌다.

일신에 가까운 것이라고는 언제나 변함없는 한 필의 당나귀였다. 그렇다고는 하여도 꼭 한 번의 첫일을 잊을 수는 없었다. 뒤에도 처음에도 없는 단 한 번의 괴이한 인연! 봉평에 다니기 시작한 젊은 시절의 일이었으나, 그것을 생각할 적만은 그도 산 보람을 느꼈다.

달밤이었으나 어떻게 해서 그렇게 됐는지 지금 생각해두 도무지 알 수 없었다. 허 생원은 오늘 밤도 또 그 이야기를 끄집어 내려는 것이다. 조 선달은 친구가 된 이래 귀에 못이 박이도록 들어 왔다. 그렇다고 싫증은 낼 수도 없었으나, 허 생원은 시치미를 떼고 되풀이할 대로는 되풀이하고야 말았다.

"달밤에는 그런 이야기가 격에 맞거든."

조 선달 편을 바라는 보았으나 물론 미안해서가 아니라 달빛에 감동하여서였다. 이지러는 졌으나 보름을 갓 지난 달은 부드러운 빛을 흔붓이* 흘리고 있다. 대화까지는 팔십 리의 밤길, 고개를 둘이나 넘고 개울을 하나 건너고 벌판과 산길을 걸어야 된다. 길은 지금 긴 산허리에 걸려 있다. 밤중을 지난 무렵인지 죽은 듯이 고요한 속에서 짐승 같은 달의 숨소리가 손에 잡힐 듯이 들리며, 콩포기와 옥수수 잎새가 한층 달에 푸르게 젖었다.

---

* 흔붓이 흐뭇하게.

산허리는 온통 메밀밭이어서 피기 시작한 꽃이 소금을 뿌린 듯이 흐 뭇한 달빛에 숨이 막혀 하얬다. 붉은 대궁이 향기같이 애잔하고 나귀들의 걸음도 시원하다. 길이 좁은 까닭에 세 사람은 나귀를 타고 외줄로 늘어섰다. 방울 소리가 시원스럽게 딸랑딸랑 메밀밭께로 흘러간다. 앞장선 허 생원의 이야기 소리는 꽁무니에 선 동이에게는 확적히는* 안 들렸으나, 그는 그대로 개운한 제멋에 적적하지는 않았다.

"장 선, 꼭 이런 날 밤이었네. 객줏집 토방이란 무더워서 잠이 들어야지. 밤중은 돼서 혼자 일어나 개울가에 목욕하러 나갔지. 봉평은 지금이나 그제나 마찬가지나, 보이는 곳마다 메밀밭이어서 개울가가 어디 없이 하얀 꽃이야. 돌밭에 벗어도 좋을 것을, 달이 너무나 밝은 까닭에 옷을 벗으러 물방앗간*으로 들어가지 않았나. 이상한 일도 많지. 거기서 난데없는 성 서방네 처녀와 마주쳤단 말이네. 봉평서야 제일가는 일색이었지."

"팔자에 있었나 부지."

아무렴 하고 응답하면서 말머리를 아끼는 듯이 한참이나 담배를 빨 뿐이었다. 구수한 자줏빛 연기가 밤기운 속에 흘러서는 녹았다.

"날 기다린 것은 아니었으나 그렇다고 달리 기다리는 놈팽이가 있은 것두 아니었네. 처녀는 울고 있단 말야. 짐작은 대고 있으나 성 서방네는 한창 어려워서 들고날 판인 때였지. 한 집안 일이니 딸에겐들 걱정이 없을 리 있겠나? 좋은 데만 있으면 시집도 보내련만 시집은 죽어도 싫다지. …… 그러나 처녀란 울 때같이 정을 끄는 때가 있을까. 처음에는 놀라기도 한 눈치였으나, 걱정 있을 때는 누그러지기도 쉬운 듯해서 이럭저럭 이야기가 되었네. …… 생각하면 무섭고도 기막힌 밤이었어."

* 확적(確的)히 확실히.
* 물방앗간 물방아로 곡식을 찧는 집.

"제천인지로 줄행랑을 놓은 건 그 다음 날이었나?"

"다음 장도막에는 벌써 왼 집 안이 사라진 뒤였네. 장판은 소문에 발끈 뒤집혀 고작해야 술집에 팔려 가기가 상수라고 처녀의 뒷공론이 자자들 하단 말이야. 제천 장판을 몇 번이나 뒤졌겠나. 허나 처녀의 꼴은 꿩먹은 자리야. 첫날밤이 마지막 밤이었지. 그 때부터 봉평이 마음에 든 것이 반평생을 두고 다니게 되었네. 평생인들 잊을 수 있겠나."

"수 좋았지. 그렇게 신통한 일이란 쉽지 않아. 항용* 못난 것 얻어 새끼 낳고, 걱정 늘고, 생각만 해도 진저리 나지. …… 그러나 늘그막바지까지 장돌뱅이로 지내기도 힘드는 노릇 아닌가? 난 가을까지만 하구 이 생애와두 하직하려네. 대화쯤에 조그만 전방*이나 하나 벌이구 식구들을 부르겠어. 사시장천* 뚜벅뚜벅 걷기란 여간이래야지."

"옛 처녀나 만나면 같이나 살까. …… 난 거꾸러질 때까지 이 길 걷고 저 달 볼 테야."

산길을 벗어나니 큰길로 틔어졌다. 꽁무니의 동이도 앞으로 나서 나귀들은 가로 늘어섰다.

"총각두 젊겠다, 지금이 한창 시절이렷다. 충줏집에서는 그만 실수를 해서 그 꼴이 되었으나 섧게 생각 말게."

"처 천만에요. 되레 부끄러워요. 계집이란 지금 웬 제격인가요. 자나 깨나 어머니 생각뿐인데요."

허 생원의 이야기로 실심해한 끝이라 동이의 어조는 한풀 수그러진 것이었다.

"애비 에미란 말에 가슴이 터지는 것도 같았으나, 제겐 아버지가 없어요. 피붙이라고는 어머니 하나뿐인걸요."

---

* 항용(恒用) 흔히 늘.
* 전방(廛房) 물건을 파는 전의 방.
* 사시장천 사철 중 어느 때나 늘.

"돌아가셨나?"

"당초부터 없어요."

"그런 법이 세상에……."

생원과 선달이 야단스럽게 껄껄들 웃으니, 동이는 정색하고 우길 수밖에는 없었다.

"부끄러워서 말하지 않으려 했으나 정말예요. 제천 촌에서 달도 차지 않은 아이를 낳고 어머니는 집을 쫓겨났죠. 우스운 이야기나, 그러기 때문에 지금까지 아버지 얼굴도 본 적 없고 있는 고장도 모르고 지내와요."

고개가 앞에 놓인 까닭에 세 사람은 나귀를 내렸다. 둔덕은 험하고 입을 벌리기도 대근하여* 이야기는 한동안 끊겼다. 나귀는 건듯하면 미끄러졌다.

허 생원은 숨이 차 몇 번이고 다리를 쉬지 않으면 안 되었다. 고개를 넘을 때마다 나이가 알렸다. 동이 같은 젊은 축이 그지없이 부러웠다. 땀이 등을 한바탕 쪽 씻어내렸다.

고개 너머는 바로 개울이었다. 장마에 흘러 버린 널다리가 아직도 걸리지 않은 채로 있는 까닭에 벗고 건너야 되었다. 고의를 벗어 띠로 등에 얽어매고 반벌거숭이의 우스꽝스런 꼴로 물 속에 뛰어들었다. 금방 땀을 흘린 뒤는 뒤였으나 밤 물은 뼈를 찔렀다.

"그래 대체 기르긴 누가 기르구?"

"어머니는 하는 수 없이 의부를 얻어 가서 술장사를 시작했소. 술이 고주*래서 의부라고 전망나니*예요. 철들어서부터 맞기 시작한 것이 하룬들 편한 날 있었을까. 어머니는 말리다가 채이고 맞고 칼부림을

＊대근하다　견디기가 어지간히 힘들고 만만하지 않다.
＊고주　'고주망태'의 준말. 술에 몹시 취하여 정신을 가누지 못하는 상태.
＊전망나니　전이라면 사족을 못 쓰고 못된 짓을 하는 사람을 이르는 말.

당하곤 하니 집 꼴이 무어겠소. 열여덟 살 때 집을 뛰쳐나서부터 이 짓이죠."

"총각 나쎄*론 셈이 무던하다고 생각했드니 듣고 보니 딱한 신세로군."

물은 깊어 허리까지 찼다. 속 물살도 어지간히 센 데다가 발에 차이는 돌멩이도 미끄러워 금시에 훌칠* 듯하였다. 나귀와 조 선달은 재빨리 거의 건넜으나 동이는 허 생원을 붙드느라고 두 사람은 훨씬 떨어졌다.

"모친의 친정은 원래부터 제천이었든가?"

"웬걸요. 시원스리 말은 안해 주나 봉평이라는 것만은 들었죠."

"봉평, 그래 그 애비 성은 무엇인구?"

"알 수 있나요. 도무지 듣지를 못했으니까."

"그 그렇겠지."

하고 중얼거리며 흐려지는 눈을 까물까물하다가 허 생원은 경망하게도 발을 빗디뎠다. 앞으로 고꾸라지기가 바쁘게 몸째 풍덩 빠져 버렸다. 허우적거릴수록 몸을 걷잡을 수 없어 동이가 소리를 치며 가까이 왔을 때에는 벌써 퍽이나 흘렀었다. 옷째 쫄딱 젖으니 물에 젖은 개보다도 참혹한 꼴이었다. 동이는 물 속에서 어른을 해깝게* 업을 수 있었다. 젖었다고는 하여도 여윈 몸이라 장정 등에는 오히려 가벼웠다.

"이렇게까지 해서 안됐네. 내 오늘은 정신이 빠진 모양이야."

"염려하실 것 없어요."

"그래 모친은 애비를 찾지는 않는 눈치지?"

"늘 한 번 만나고 싶다고는 하는데요."

"지금 어디 계신가?"

---

* 나쎄 '그만한 나이'를 속되게 이르는 말.
* 훌치다 물체가 바람 따위를 받아서 휘우듬하게 쏠리다.
* 해깝게 '가볍게'의 사투리.

"의부와도 갈라져 제천에 있죠. 가을에는 봉평에 모셔 오려고 생각 중인데요. 이를 물고 벌면 이럭저럭 살아갈 수 있겠죠."

"아무렴, 기특한 생각이야. 가을이랬다?"

동이의 탐탁한 등어리가 뼈에 사무쳐 따뜻하다. 물을 다 건넜을 때에는 도리어 서글픈 생각에 좀더 업혔으면서도 하였다.

"진종일 실수만 하니 웬일이오, 생원."

조 선달은 바라보며 기어코 웃음이 터졌다.

"나귀야 .나귀 생각하다 실족을 했어. 말 안했던가. 저 꼴에 제법 새 끼를 얻었단 말이지. 읍내 강릉집 피마*에게 말일세. 귀를 쫑긋 세우고 달랑달랑 뛰는 것이 나귀 새끼같이 귀여운 것이 있을까. 그것 보러 나는 일부러 읍내를 도는 때가 있다네."

"사람을 물에 빠치울 젠, 딴은 대단한 나귀 새끼군."

허 생원은 젖은 옷을 웬만큼 짜서 입었다. 이가 덜덜 갈리고 가슴이 떨리며 몹시도 추웠으나 마음은 알 수 없이 둥실둥실 가벼웠다.

"주막까지 부지런히들 가세나. 뜰에 불을 피우고 훗훗이 쉬어. 나귀에겐 더운 물을 끓여 주고. 내일 대화장 보고는 제천이다."

"생원도 제천으로?"

"오래간만에 가 보고 싶어. 동행하려나, 동이?"

나귀가 걷기 시작하였을 때, 동이의 채찍은 왼손에 있었다. 오랫동안 아둑시니*같이 눈이 어둡던 허 생원도 요번만은 동이의 왼손잡이가 눈에 띄지 않을 수 없었다.

걸음도 해깝고 방울 소리가 밤 벌판에 한층 청청하게 울렸다.

달이 어지간히 기울어졌다.

---

* 피마 다 자란 암말.
* 아둑시니 겉으로 보기에는 눈이 멀쩡하나 앞을 보지 못하는 사람.

낙엽기

창기슭에 붉게 물든 담쟁이 잎새와 푸른 하늘 —— 가을의 가장 아름
다운 이 한 폭도 비늘구름같이 자취없이 사라져 버렸다.

가장 먼저 가을을 자랑하던 창 밖의 한 포기의 벚나무는 또한 가장
먼저 가을을 내버리고 앙클한 회초리만을 남겼다. 아름다운 것이 다 지
나가 버린 —— 늦가을은 추잡하고 한산하기 짝없다.

담쟁이로 푹 씌워졌던 집도, 초목으로 가득 덮였던 뜰도, 모르는 결
에 참혹하게도 옷을 벗기워 버리고 앙상한 해골만을 드러내 놓게 되었
다. 아름다운 꿈의 채색을 여지없이 잃어버렸다.

벽에는 시들어 버린 넝쿨이 거미줄같이 얼기설기 얽혔고, 마른 머루
송이 같은 열매가 함빡 맺혔을 뿐이다. 흙 한 줌 찾아볼 수 없이 푸르던
뜰에서는 지금에는 푸른빛을 찾을 수 없게 되었다.

나는 거의 날마다 뜰의 낙엽을 긁어야 한다. 아무리 공들여 긁어모아
도 다음 날에는 새 낙엽이 다시 질볏이 늘어져 거듭 각지를 들지 않으
면 안된다. 낙엽이란 세상의 인종같이도 흔한 것이다. 밑빠진 독에 물
을 긷듯 며칠이든지 헛노릇으로 여기면서도 공들여 긁어모은다. 벚나

무 아래 수북이 쌓아 놓고 불을 붙이면 속으로부터 푸슥푸슥 타면서 푸른 연기가 모로 길게 솟아오른다. 연기는 바람 없는 뜰에 아늑히 차서 울같이 고인다.

낙엽 연기에는 진한 커피의 향기가 있다. 잘 익은 깨금의 맛이 있다. 나는 그 귀한 연기를 마음껏 마신다. 욱신한 향기가 몸의 구석구석에 배어서 깊은 산 속에 들어갔을 때와도 같은 풍준한 만족을 느낀다. 낙엽의 향기는 시절의 진미요, 가을의 마지막 선물이다.

화단의 뒷자리를 깊게 파고 타 버린 낙엽의 재를 묻어 버림으로써 가을은 완전히 끝난 듯싶다. 뜰에는 벌써 회초리만의 나무들이 섰고, 엉성긋한 포도시렁이 남았고, 담쟁이덩굴이 서리었고, 국화포기의 글거리가 솟았고, 잡초의 시들어 버린 양이 있을 뿐이니 말이다. 잎새에 가리웠던 둥근 유리창이 달덩이같이 드러나고, 현관 앞에 조약돌이 지저분하게 흩어졌으니 말이다.

낙엽을 장사지내고 가을을 보내니 별안간 생활이 없어진 것도 같고 새 생활이 와야 할 것도 같은 느낌이 생겼다. 적어도 꿈이 가고 생활의 때가 온 듯하다. 나는 꿈을 대신할 생활의 풍만을 위하여 생각하고 설계하여야 한다. 가령 나는 아내를 대신하여 거의 사흘돌이로 목욕물을 데우게 되었다. 손수 수도에 호스를 대서 물을 가득 길어 붓고는 아궁이에 불을 넣는다.

음산한 바람으로 아궁이 몹시 낸다. 나는 그 연기를 괴로이 여기지 않는다. 눈물을 흘릴 지경이요 숨이 막히면서도, 연기의 웅덩이 속에서 정성껏 나무를 지피고 불을 쑤시고, 목욕간의 창을 열어 연기를 뽑고, 여러 차례나 물을 저어 온도를 맞추고 하면서 그 쓸데없는 행동 —— 적어도 책상에 맞붙어 책을 읽고 글줄을 쓰는 것보다는 비생산적이요 소비적이라고 늘 생각하여 오던 그 행동을 도리어 귀히 여기게 되고, 나날의 생활을 꾸며 가는 그런 행동이야말로 가장 생산적이요 창조적인 것이라고까지 생각하게 되었다.

정리되지 못한 가달가달의 생각을 머릿속에 잡아 넣고 살을 깎을 정도로 애쓰고 궁싯거리면서 생활 일에 단 한 시간 허비하기조차 아깝게 여기고 싫어하던 것이 생활에 관한 그런 사소한 잡일을 도리어 귀중히 알게 된 것은 도시 시절의 탓일까.

어두운 아궁이 속에서 새빨갛게 타는 불을 보고 목욕탕에서 무럭무럭 오르는 김을 바라보며 나는 이것이 생활이다, 이것이 책보다도 원고보다도 더 귀한 일이다, 이것을 귀히 여김이 반드시 필부의 옹졸한 짓은 아닐 것이며 생활을 업신여기는 곳에 필부 이상으로 뛰어날 아무 이유도 없는 것이다 —— 하고 두서없는 긴 생각에 잠겨도 본다,

이윽고 더운 물 속에 몸을 잠그고 창으로 날아들어와 물 위에 뜬 마지막 낙엽을 두 손으로 건져 내고 안개같이 깊은 무더운 김 속에 몸과 마음을 푸근히 녹일 때 이 생각은 더욱 적실히 육체 속에 사무쳐 든다.

거리의 백화점에 들어가 그 자리에서 커피를 갈아서 손가방 속에 넣고 그 욱신한 향기를 즐기면서 집으로 돌아오는 것도 물론 이러한 생각으로부터이다. 진한 차를 탁자 위에 놓고 피어오르는 김을 바라보며, 나는 그 넓은 냉방에다 난로를 피우고 침대 속에는 더운 물통을 넣고 한겨울 동안을 지내게 할까 어쩔까, 그리고 겨울에는 뒷산을 이용하여 스키를 시작하여 볼까 어쩔까 하고 겨울 설계를 세워도 본다. 크리스마스에는 올해도 또 크리스마스 트리를 세우기를 아내와 의논한다.

시절이 여위어 갈수록, 꿈이 멀어 갈수록, 생활의 의욕이 두터워짐일까. 생활, 생활. 초목 없는, 푸른빛 없어진, 멀숭하게 된 집 속에서 나는 하루의 전부를 생활의 생각으로 지내게 되었다. 시절에 대한 반감에서 나온 것이까. 심술궂은 결머리에서 나온 것일까.

푸른 시절은 일종의 신비였다. 푸른 초목에 싸인 푸른 집 속에서 머릿속에 떠오른 제목은 반드시 생활이 아니었다. 그날 그날은 토막토막

의 흐트러진 생활의 조각이 아니요 물같이 흐른 꿈결이었다.

푸른 널을 비스듬히 달고, 가는 모기둥으로 고인 갸우뚱한 현관 차양에도 담쟁이가 함빡 피어올라, 이른 아침이면 넓은 잎에 맺힌 흔한 이슬방울이 서리서리 모여 아랫잎 위로 뚝뚝 떨어지는 소리를 듣기란 산골짜기 물소리를 듣는 것과도 같아서 금시에 시원한 산의 영기를 느끼게 되었다. 머루, 다래의 넝쿨 대신에 드레드레 열매 맺힌 포도 넝쿨이 있고, 바람에 포르르르 나부끼는 사시나무 대신에는 비슷한 잎새를 가진 대추나무가 있다.

뜰은 그림자 깊은 지름길만을 남겨 놓고는 흙 한 줌 보이지 않게 일면 화초로 덮이었다. 장미, 글라디올러스, 해바라기, 촉규화, 맨드라미, 반금초, 금잔화, 제비초, 만수국, 플록스, 달리아, 봉선화, 양귀비, 채송화의 꽃밭이 소나무, 벚나무, 버드나무, 회양목, 앵두나무, 대추나무, 능금나무, 배나무의 모든 나무와 어울려 뜰은 채색과 광채와 그림자의 화려한 동산이었다.

유리창에까지 나무 그림자가 깊고 방 안에까지 지천*으로 푸른빛이 흘러들었다. 화단에는 나비와 벌이 날아들고 풀숲에는 가을 벌레들이 일찍부터 울기 시작하였다. 나뭇가지에는 새들이 몰려오고 집에는 진귀한 손님이 왔다. 아름다운 것은 진실로 비늘그름과 같이도 쉽게 지나가 버렸다. 나뭇잎이 가고 푸른빛이 없어지고 그늘이 꺼져 버렸다. 지금에는 벌써 벌레 울지 않고 나비 날지 않고 헐벗은 나뭇가지에는 새들도 드물게 앉게 되었다. 지난 시절의 기억이 머릿속에 아리숭하게 멀어졌다. 꿈이 지나고 생활의 때가 왔다. 손수 목욕물을 끓이고 차를 마시게 되었다.

그러나 나머지의 향기라는 것이 있다. 파도의 물결이 길게 주름잡혀

---

* **지천(至賤)** 너무 많아서 귀하지 않음.

가듯이, 꺼진 음악의 멜로디가 오래도록 귀에 울려 오듯이 푸른 집과 푸른 뜰의 향기가 아련하게 남아서 흘러온다.

휜칠하고 쓸쓸한 뜰에서 한 떨기의 푸른 것을 발견할 것을 나는 더없이 신기하고 아름답게 여겼다. 꿈의 찌꺼기이므로 꿈보다 한결 더 귀하게 여겨짐인지도 모른다.

화단 한 구석에 남은 푸른 클로버의 한 줌을 말함이 아니요, 현관 양편 기둥에 의지하여 창기슭으로 피어 올라간 두 포기의 줄기장미를 나는 의미한다. 단줄의 장미이던 것이 어느 결에 자랐는지 낙지 다리같이 가달가달 솟아올라 제법 풍성한 한 포기를 이루었다. 민출한 푸른 줄기에 마디마디 조그만 생생한 잎새를 달고 추위와 서리에도 상하는 법 없이 장하게 뻗어 올랐다.

신선한 야채에서 오는 식욕을 느끼기에 잘강잘강 먹고 싶은 충동을 금할 수 없다. 창기슭으로 올라가 창에 어린 맑은 잎새와 줄기, 푸르면서도 붉은 기운을 약간 띤 줄기와 가시. 붉은 가시의 생각이 문득 나에게 한 폭의 환상을 일으킨다.

—— 깊은 여름 밤, 열어젖힌 창으로 나의 방에 들어오다 장미 줄기에 걸리고 가시에 찔려 하아얀 팔과 다리에 붉은 피를 흘리는 낯 모르는 임의의 소녀 —— 가시와 소녀와 피 —— 이것은 한 폭의 꿈일는지 모른다. 글로 썼거나 머릿속에 생각하여 본 한 폭의 환영일는지 모른다. —— 가시와 소녀와 피!

그러나 꿈 아닌 환영 아닌, 피의 기억이 있다. 장미의 붉은 줄기와 가시에서 나는 문득 지난 기억을 선명하게 풀어 낼 수 있다. 나머지 꿈의 아픈 물결이다.

무르녹은 여름의 하룻날 아침 일찍이 가족들과 함께 집을 나와 뒷산으로 소풍을 떠났다. 여름은 짙고 송림 속은 그윽하였다. 드뭇한 소풍객들 속에 섞여 그림자 깊은 길을 걸으면서 동물원에를 들어갈까, 강에

나가 배를 타고 하루를 지울까 생각하다 결국 동물원에 들어가기로 하였다. 짐승들의 표정없는 얼굴을 보고 잠시 동안이라도 근심을 잊어 보자는 생각이었다. 그러나 이 비위 좋은 생각은 여지없이 짓밟히고야 말았다.

동물원이라고는 하여도 이름만의 것이지 운동장과 꽃밭 한구석에 덧붙이기로 우리 몇 칸이 있을 뿐이다. 물새들의 못이 있고 원숭이와 독수리와 곰의 우리가 있을 뿐이다. 비극은 곰의 우리에서 왔다.

드문 사람 속에는 휘적휘적 우리와 우리 사이를 돌아치는 요정의 머슴 비슷한 한 사람의 젊은이가 있었다. 큰 눈이 둥글둥글 굴고 입이 반쯤 열린 맺힌 데 없는 허술한 사나이는 번번이 일행의 앞을 서서 우리 안의 짐승을 희롱하곤 하였다.

제 흥도 제 흥이려니와, 그 어디인지 그런 철없는 거동을 우리들에게 보이고자 하는 듯한 허물 없고 어리석고 주책없는 생각이 숨어 있음이 눈치에 보였다. 원숭이를 희롱할 때에도, 새들을 들여다볼 때에도, 너무도 지나서 납신거리는* 것을 우리는 민망히 여기는 끝에 나중에는 불쾌히까지 생각하게 되었다.

불쾌한 감정은 곰*의 우리 앞에 이르렀을 때 극도에 달하였다. 철망 사이로 손을 널름널름 들여보내면 검은 곰은 육중한 몸을 끌고 와서 앞발을 덥석 들었다. 희롱이 잦을수록 곰은 흥분하여 나중에는 일종의 분에 타오르는 듯한 험상스런 기세를 보였다.

고개를 끄떡이며 우리 안을 대중없이 왔다갔다 하면서 기회를 노리는 눈치였다. 몇 번째인가 사나이의 손이 다시 철망 사이에 들어갔을 때 짐승은 기어이 민첩하게 왈칵 달려들어 앞발로 손을 잡고, 잡자마자 입을 대었다.

사나이는 문득 꿈틀하며 소리를 치고 손을 빼려 애썼으나 좀체 빠지지 않았다. 겨우 잡아 낚았을 때에는 무서웠다. 손가락 끝이 보기에도 무섭게 바른 형상을 잃어버렸었다.

손톱이 빠지고 끝이 새빨갛게 으끄러졌다. 사나이는 금시에 얼굴이 파랗게 질리고 두 눈이 휘둥그레지며 넋 잃은 사람같이 한참 동안이나 멍승하게 섰다가 비로소 피 흐르는 손을 쥐고 어쩔 줄 모르고 쩔쩔 헤매었다.

민망한 생각도 불쾌한 느낌도 잊어버리고 우리는 순간 무서운 구렁 속에 휩쓸려 들어갔다. 신경을 퉁기는 짜릿한 느낌이 전신에 흘렀다.

---

* 납신거리다 입을 재빠르고 경망하게 놀려 말하다.
* 곰 곰과에 속하는 한 종. 행동은 둔하나 나무에 잘 오르며 땅을 잘 팜.

살이 부르르르 떨렸는지도 모른다. 끔찍한 꼴을 더 보기도 싫어서 주저하고 있는 동안에 사나이는 사람 숲에 쓸려 문을 나가 나무 그늘 아래 쩔쩔매고 섰는 것이었다.

이윽고 나가 보았을 때에는 근처 집에서 얻어 온 석유에 손가락을 담갔다가 반석 위에 내놓고 피 흐르는 손가락을 돌멩이로 찧는 것이다. 말할 수 없이 미련한 그 거동이 도리어 화가 버럭 날 지경으로 측은하였다. 그러나 생각하면 그의 그 어리석고 철없는 거동이 우리들의 눈을 위한 것임을 생각하면 얼마간의 허물이 우리 편에 있듯이 짐작되어 마음이 더한층 아파졌다.

될 수 있는 대로의 것을 그에게 베풀어야 할 것을 느끼고 나는 속히 집으로 데려가서 응급의 소독을 해 줄까 느끼다가 그보다도 더 떳떳한 방법을 생각하고 급스러운 어조로 소리를 쳤다.

"얼른 병원으로 뛰어가시오."

소리만 치고 쩔쩔매기만 하는 나보다는 훨씬 침착한 구원자가 있음을 알았다. 아내였다. 그는 지니고 있던 새 손수건을 내서 붕대 삼아 사나이의 피 흐르는 손을 감기 시작하였다. 사나이는 천치 같은 표정에 손을 넌지시 맡기고 있었다.

나는 오래간만에 아내의 날렵한 자태에 접하여 아름다운 생각을 금할 수 없었다. 지나친 감상이었을까.

병원을 대어 주기는 하였으나 사나이에게 그만한 능력이 있을 수 없음을 깨닫고 주머니 속을 들치다가 나는 또한 그 날 지갑을 잊은 것을 알았다. 집에까지 가서 비용을 가지고 그를 병원에까지 인도하려고 생각할 때에 이번에도 또 아내가 진실한 구원자가 되고 말았다.

지갑 속에서 손쉽게 은화 한 닢을 집어 내어 사나이의 손에 쥐어 주는 것이었다. 나는 다만 물끄러미 그의 자태를 바라볼 뿐이었다. 한 사람의 모르는 사나이를 구원함에 공연한 마음의 주저뿐이었고, 결국은 두 번 다 앞을 가로채이고 길을 빼앗긴 것을 생각하고 겸연쩍은 마음을 금할 수 없었다. 이제 나에게는 마지막의 한 가지 봉사만이 남았을 뿐이었다.

그 천치 같은 사나이를 근처 병원으로 인도함이었다. 나는 병원을 가리켜 주는 길로 아울러 집에 들러 지갑을 가지고 반날의 뱃놀이를 떠나기를 계획하며 아이들을 송림 속에 남겨 둔 채 사나이를 이끌고 길을 걸어 내려갔다.

아름다운 장면이 머릿속에 쉽사리 꺼지지 않았다. 흰 수건과 붉은 피가 아름다운 한 폭을 이루었다.

피와 수건의 붉은 것과 흰 것의 조화가 맑고 진하게 오래도록 마음 속에 물결치게 되었다.

수풀 속을 거닐 때마다 기억이 새로워지고, 반석 위의 피 흔적을 살필 때마다 지난 때의 광경이 불같이 마음 속에 살아났다. 근처 집에서 사나이의 그 뒷소식을 물어 무사하다는 것을 듣고 일종의 알 수 없는 안심조차 느꼈다.

시절이 갈려 가을이 짙고 수풀 속에 낙엽이 산란하게 날릴 때 오히려 기억은 더 새로웠다.

가을이 다 지난 흙빛만의 뜰에서 잠깐 잊었던 피의 기억을 장미의 붉은 가시로 말미암아 다시 추억해 낸 것이다. 마음을 빛나게 하는 생생한 추억──. 늦게까지 남아 있는 장미 포기와 함께 늦가을의 귀한 마지막 선물이다.

푸른 집 속에 남은 철늦은 꿈의 물결이다.

생활의 시절이, 단란의 때가 왔다.

어린것을 데리고 목욕물 속에 잠기는 것도 한 기쁨이 되었다.

크리스마스 트리에 오색 전기를 장식하고 많은 선물을 달아맬 것도 한 즐거운 기대다. 책상 위에는 그림책을 펴 놓고 허물없는 꿈에도 잠길 수 있는 것이다.

　가난한 재료로 될 수 있는 대로의 풍성한 꿈이 이 시절에 맡겨진 과제이다. 생활의 재주이다. 낙엽의 암시이다.

돈

옛성 모퉁이 버드나무 까치 둥우리 위에 푸르둥한 하늘이 얕게 드리웠다. 토끼 우리에서는 하아얀 양토끼가 고슴도치 모양으로 까칠하게 웅크리고 있다. 능금나무 가지를 간들간들 흔들면서 벌판을 불어오는 바닷바람이 채 녹지 않은 눈 속에 덮인 종묘장 보리밭에 휩쓸려 돼지 우리에 모질게 부딪친다.

우리 밖 네 귀의 말뚝 안에 얽어매인 암퇘지는 바람을 맞으면서 유난히 소리를 친다. 말뚝을 싸고 도는 종묘장 씨돝*은 시뻘건 입에 거품을 품으면서 말뚝의 뒤를 돌아 그 위에 덥석 앞다리를 걸었다. 시꺼먼 바위 밑에 눌린 자라 모양인 암퇘지는 날카로운 비명을 올리며 전신을 요동한다. 미끄러진 씨돝은 게걸떡거리며 다시 말뚝을 싸고 돈다. 앞뒤 우리에서 응하는 돼지들 고함에 오후의 종묘장 안은 들썩했다.

반 시간이 넘어도 여의치 않았다. 둘러싸고 보던 사람들도 흥이 식어

---

* 씨돝 씨를 받으려고 기르는 돼지.

서 주춤주춤 움직인다. 여러 번째 말뚝 위에 덮쳤을 때에 육중한 힘에 말뚝이 와싹 무지러지면서 그 바람에 밑에 깔렸던 돼지는 말뚝의 테두리로 벗어져서 뛰어갔다.

"어려서 안 되겠군."

종묘장 기수가 껄껄 웃는다.

"황소 앞에 암탉 같으니 쟁그러워서* 볼 수 있나."

"겁을 먹고 달아나는데."

농부는 날쌔게 우리 옆을 돌아 뛰어가는 돼지의 앞을 막았다.

"달포 전에 한 번 왔다 갔으나 씨가 붙지 않아서 또 끌고 왔는데요."

식이는 겸연쩍어서 얼굴이 붉어졌다.

"아무리 짐승이기로 저렇게 어리구야 씨가 붙을 수 있나."

농부의 말에 식이는 다시 얼굴을 붉혔다.

"빌어먹을 놈의 짐승."

무안도 무안이려니와 귀찮게 구는 짐승에 식이는 화를 버럭 내면서 농부의 부축을 하여 달아나는 돼지의 뒤를 쫓는다. 고무신이 진창에 빠지고 바지춤이 흘러내린다.

돼지의 허리를 맨 바를 붙들었을 때에 그는 홧김에 바를 뒤로 잡아낚으며 기운껏 매질한다. 어린 짐승은 바들바들 뛰면서 비명을 올린다. 농가 일 년의 생명선 —— 좀 있으면 나올 제1기분 세금과, 첫여름 감자가 나올 때까지의 가족의 양식의 예산의 부담을 맡은 이 어린 짐승에 대한 측은한 뉘우침이 나중에는 필연코 나련마는, 종묘장 사람들 숲에서의 무안을 못 이겨 식이의 흔드는 매는 자연 가련한 짐승 위에 잦게 내렸다.

"그만 갖다 매시오."

---

* 쟁그러워서 간지럼을 타는 듯이 우스움.

말뚝을 고쳐 든든히 박고 난 농부는 식이에게 손짓한다. 겁과 불안에 떨며 허둥거리는 짐승을 이번에는 한결 더 든든히 말뚝 안에 우겨 넣고 나뭇대를 가로질러 배까지 떠받쳐 올려 꼼짝 요동하지 못하게 탐탁하게 얽어매었다.

털몸을 근실근실 부딪치며 그의 곁을 궁싯궁싯 굼도는 씨돝은 미처 식이의 손이 떨어지기도 전에 '화차'와도 같이 말뚝 위를 엄습한다. 시뻘건 입이 욕심에 목메어서 풀무같이 요란히 울린다. 깔린 암톨은 목이 찢어져라 날카롭게 고함친다. 둘러선 좌중은 일제히 웃음소리를 멈추고 일시 농담조차 잊은 듯하였다. 문득 분이의 자태가 눈앞에 떠오른다. 식이는 말뚝에서 시선을 돌려 딴전을 보았다.

'분이 고것 지금엔 어디 가 있는구.'

제2기분은새려* 1기분 세금조차 밀려오는 농가의 형편에 돼지보다 나은 부업이 없었다. 한 마리를 일 년 동안 충실히 기르면 세금도 세금이려니와 잔돈푼의 가용돈쯤은 훌륭히 우러나왔다. 이 돼지의 공용을 잘 아는 식이다. 푼푼이 모은 돈으로 마을 사람들의 본을 받아 종묘장에서 갓난 양돼지 한 자웅을 사 놓은 것이 지난 여름이었다. 기름이 자르르 흐르는 새까만 자웅을 식이는 사람보다도 더 귀히 여겨 갓 사 왔던 무렵에는 우리에 넣기가 아까워 그의 방 한구석에 짚을 펴고 그 위에 재우기까지 하던 것이, 젖이 그리워서인지 한 달도 못 돼서 수놈이 죽었다. 나머지의 암놈을 식이는 애지중지하여 단 한 벌인 그의 밥그릇에 물을 받아 먹이기까지 하였다. 물도 먹지 않고 꿀꿀 않을 때에는 그는 나무하러 가는 것도 그만두고 종일 짐승의 시중을 들었다. 여섯 달을 기르니 겨우 암돼지 티가 났다. 달포 전에 식이는 첫 시험으로 십 리가 넘는 읍내 종묘장까지 끌고 왔었다. 피돈 오십 전이나 내어 씨를 받

---

* 새려 커녕.

은 것이 종시 붙지 않았다. 식이는 화가 났다. 때마침 정을 두고 지내던 분이가 어디론지 도망을 갔다. 식이는 속이 상해서 며칠 동안 일이 손에 잡히지 않았다. 늘 뾰로통해서 쌀쌀하게 대꾸하더니 그 고운 살을 한 번도 허락하지 않고 늙은 아비를 혼자 둔 채 기어이 도망을 가 버렸구나 생각하니 분이가 괘씸하였다. 그러나 속 깊은 박 초시의 일이니 자기 딸 조처에 무슨 꿍꿍이속을 대었는지 도무지 모를 노릇이었다. 청진으로 갔느니 서울로 갔느니, 며칠 전에 박 초시에게 돈 십 원이 왔느니 소문은 갈피갈피였으나, 하나도 종잡을 수 없었다. 이래저래 상할 대로 속이 상했다. 능금꽃 같은 두 볼을 잘강잘강 씹어먹고 싶던 분이인만큼 식이는 오늘까지 솟아오르는 심화를 억제할 수 없었다.

"다 됐군."

딴전만 보고 있던 식이는 농부의 소리에 그 쪽을 보았다. 씨돝은 만족한 듯이 여전히 꿀꿀 짖으면서 그 곳을 떠나지 않고 빙빙 돈다.

파장 후의 광경이언만 분이의 그림자가 눈앞에 어른거리는 식이는 몹시도 겸연쩍었다. 잠자코 섰는 까칠한 암퇘지와 분이의 자태가 서로 얽혀서 그의 머릿속에 추근하게 떠올랐다. 음란한 잡담과 허리 꺾는 웃음소리에 얼굴이 더 한층 붉어졌다. 환영을 떨쳐 버리려고 애쓰면서 식이는 얽어매었던 돼지를 풀기 시작하였다. 농부는 여전히 게걸덕거리며 어른어른 싸도는 욕심 많은 씨돝을 몰아 우리 속에 가두었다.

"이번에는 틀림없겠지."

장부에 이름을 올리고 오십 전을 치러 주고 종묘장을 나오니 오후의 해가 느지막하였다. 능금밭 건너편 양옥 관사의 지붕이 흐린 석양에 푸르뎅뎅하게 빛난다. 옛성 어귀에는 성 안으로 드나드는 장꾼의 그림자가 어른어른한다. 성 안에서 한 대의 버스가 나오더니 폭 넓은 이등 도로를 요란히 달려온다. 돼지를 몰고 길 왼편 가로 피한 식이는 푸뜩 지나가는 버스 안을 흘끗 살펴본다. 분이를 잃은 후로부터는 그는 달아나는 버스 안까지 조심스럽게 살피게 되었다. 일전에 나남에서 버스 차장 시험이 있었다더니 그런 데로나 뽑혀 들어가지 않았을까? 분이의 간 길을 이렇게도 상상하여 보았기 때문이다.

'장이나 한 바퀴 돌아올까.'

북문 어귀 성 밑 돌틈에 돼지를 매놓고 식이는 성에 들어가 남문 거리로 향하였다.

분이가 없는 이제, 장꾼의 눈을 피하여 으슥한 가게 앞에서 겸연쩍은 태도로 매화분을 살 필요도 없어진 식이는 석유 한 병과 마른 명태 몇 마리를 사 들고 장판을 오르락내리락하였다. 한 동네 사람들의 그림자도 눈에 띄지 않기에 그는 곧게 성 밖으로 나와 마을로 향하였다.

어기죽거리며 돼지의 걸음이 올 때만큼 재지 못하였다. 그러나 이제 매질할 용기는 없었다.

철로를 끼고 올라가 정거장 앞을 지나 오촌포 한길에 나서니 장 보고 돌아가는 사람들의 그림자가 드문드문 보인다. 산모퉁이가 바닷바람을 막아 아늑한 저녁 빛이 한길 위를 덮었다. 먼 산 위에는 전기의 고가선이 솟고 산 밑을 물줄기가 돌아내렸다. 온천 가는 넓은 도로가 철로와 나란히 누워서 남쪽으로 줄기차게 뻗쳤다. 저물어 가는 강산 속에 아득하게 뻗친 이 두 줄의 길이 새삼스럽게 식이의 마음을 끌었다. 걸어가는 그의 등 뒤에서는 산모롱이를 돌아오는 기차 소리가 아련히 들린다. 별안간 식이에게는 이상한 생각이 들었다.

"이 길로 아무 데로나 달아날까. 장에 가서 돼지를 팔면 노자가 되겠지. 차 타고 노자 자라는 곳까지 달아나면 그 곳에 곧 분이가 있지 않을까. 어디서 들었는지 공장에 들어가기가 분이의 소원이더니, 그 곳에서 여직공 노릇 하는 분이와 만나 나도 노동자가 되어 같이 살면 오죽 재미있을까. 공장에서 버는 돈을 달마다 고향에 부치면 아버지도 더 고생할 것 없겠지. 돼지를 방에서 기르지 않아도 좋고 세금 못

냈다고 면소 서기들한테 밥솥을 빼앗길 염려도 없을 터이지. 농사같이 초라한 업이 세상에 또 있을지? 아무리 부지런히 일해도 못살기는 일반이니……. 분이 있는 곳이 어디인가……. 돼지를 팔면 얼마나 받을까……. 이 도야지, 암퇘지, 양돼지…….'

"앗!"

날카로운 소리에 번쩍 정신이 깨었다. 찬바람이 휙 앞을 스치고 불시에 일신이 딴 세상에 뜬 것 같다. 눈 보이지 않고, 귀 들리지 않고——. 잠시간 전신이 죽고 감각이 없어졌다. 캄캄하던 눈앞이 차차 밝아지며 거물거물 움직이는 것이 보이고 귀가 뚫리며 요란한 음향이 전신을 쓸어 없앨 듯이 우렁차게 들렸다. 우렛소리가…… 바다 소리가…… 바퀴 소리가…… 별안간 눈앞이 환해지더니 열차의 마지막 바퀴가 쏜살같이 눈앞을 달아났다.

"앗, 기차!"

다 지나간 이제, 식이는 정신이 아찔하여 몸이 부르르 떨린다.

진땀이 나는 대신 소름이 쪽 돋는다. 전신이 불시에 빈 듯이 거뿐하다. 글자대로 전신을 비었다. 한 쪽 팔에 들었던 석유병도 명태 마리도 간 곳이 없고, 바른손에 이끌던 돼지도 종적이 없다.

"아, 돼지!"

"돼지구 무어구 미친 놈이지. 어디라구 건널목*을 막 건너."

따귀를 철썩 맞고 바라보니 철로 망보는 사람이 성난 얼굴로 그를 노리고 섰다.

"돼지는 어찌 됐단 말이오?"

"어젯밤 꿈 잘 꾸었지. 네 몸 안 친 것이 다행이다."

"아니, 그럼 돼지가 치었단 말요?"

＊ 건널목 철로나 도로가 엇갈린 곳.

"다음부터 차에 주의해!"

독하게 쏘아붙이면서 철로 망꾼은 식이의 팔을 잡아 낚아 건널목 밖으로 끌어 냈다.

"아, 돼지가 치였다니, 두 번이나 종묘장에 가서 씨받은 내 돼지, 암
　돼지, 양돼지……."

엉겁결에 외치면서 훑어보았으나 피 한 방울 찾아볼 수 없다. 흔적조차 없다니——기차가 달랑 들고 간 것 같아서 아득한 철로 위를 바라보았으나 기차는 벌써 그림자조차 없다.

'한 방에서 잠 재우고, 한 그릇에 물 먹여서 기른 돼지, 불쌍한 돼
　지…….'

정신이 아찔하고 일신이 허전하여서 식이는 금시에 그 자리에 푹 쓰러질 것도 같았다.

석류

1

혀끝에 뱅뱅 돌면서도 쉽사리 무엇인지를 생각해 볼 수 없는 맛과도 흡사하다.

이윽고 석류*였음을 깨달았을 때 재희의 마음은 무지개를 본 듯이 뛰놀았다. 옛 병풍 속의 석류의 그림이 기억 속에 소생되어 때를 주름 잡고 눈앞에 떠올랐다. 어디서 흘러오는지도 모르게 그윽하게 코끝을 채는 그리운 옛 향기! 약그릇이 놓이고 어머니가 앉았고 머리맡에 병풍이 둘러치워 있었다. 약 향기가 어머니의 근심스런 얼굴에 서리었고 병풍 속 나무에 석류가 귀하였다. 익은 송이는 방긋이 벌어져 붉은 알이 엿보이고 익으려는 송이는 막 열리려고 살에 금이 갔다.

그런 송이는 어린 기억과 같이 부끄러웠다.

오랫동안 까닭도 없이 몸이 고달프던 것이 이틀 전 학교도 파하기 전에 별안간 허리가 아프기 시작하였다. 숙성한 채봉이란 년이 너 몸 이

＊ **석류**(石榴) 석류나무의 열매. 익으면 껍질이 저절로 쪼개지는데, 속에 분홍 씨가 많이 들어 있음.

상스럽지 않으냐 하며 꾀바르게 비밀한 곳을 띄어 주었다.

웅크리고 앉아 있는 동안에 견딜 수 없이 배가 훑쳤다. 두려운 생각이 버쩍 들어 책보도 교실에 버린 채 집으로 돌아왔다. 밤에 자릿속에서 옷을 말아 내고 어머니 앞에 얼굴을 쳐들 수 없었다. 버들 같은 체질을 걱정하여 어머니는 간호의 시중이 극진하였다. 인생은 웬일인지 서글픈 것이었다.

예나 이제나 일반이다. 지금에는 어머니도 없고 머리맡에 병풍도 없고 석류도 없다. 옛적을 그리워하는 생각만이 아름답다. 석류는 그윽한 향기다. 향기는 구름같이 잡을 수 없고 꺼지기 쉬운 안타까운 자취! 눈물이 돌았다. 가슴이 뻐근히 저리는 동안에 무지개는 꺼지고 석류는 단걸음에 옛날로 물러가 버렸다. 애달픈 생각에 골이 아프고 신열이 높아졌다. 머리맡에 약이 쓰다. 약도 옛날 것이 한결 향기로웠던 것이다.

체온계를 겨드랑이 낀 채 홀연히 잠이 들었다. 눈초리에 눈물 자취가 어지러운 지도를 그렸다.

── 그런 수도 있을까?

2

꿈이나 아닌가 하여 재희는 이야기책을 다시 쳐들었다. 한 편의 자서전적 소설이 그를 놀라게 하였다. 소설가 준보는 바로 학교 때의 그 아이가 아니었던가! 소설 속의 이야기는 바로 그들의 어릴 때 일이 아니었던가! 무지개를 본 듯이 마음이 뛰놀았다. 현혹한 느낌에 가슴이 산란하다.

소년은 동무들의 놀림을 부당하다고 생각하였다. 소문이 높아지면 높아질수록 소녀와의 거리는 도리어 멀어지는 것 같았다. 소년이 비석을 칠 때에는 소녀의 그림자는 안 보였고 소녀가 자세를 받을 때에는 소년은 그 자리를 물러갔다. 느티나무 아래에서 술래잡기를 할 때에도 두 사람의 자태는 빛과 그림자같이 서로 어긋났다. 결국 손목 한 번 탐탁하게 못 쥐어 보고 소년은 점점 고집스러워만졌다. 쥐알봉수가 소년에게는 도리어 가깝게 어른거렸다. 소락소락 말을 걸고 손을 쥐고 하는 것을 소년은 무척 부러워하고 미워하였다. 그렇게 못하는 자기의 고집스러운 성질을 슬퍼하면서 동무들의 부당한 놀림을 억울하게 여길 뿐이었다.

재희가 준보에게 터놓고 다정히 못 굴었음을 뉘우치게 된 것은 그와 작별한 후였다.

채봉이가 자별스럽게 준보를 위함을 알고 마음이 편편치 못하였으나 그와 떨어지고 보니 그것도 쓸데없는 걱정임을 깨달았다. 준보를 마지막으로 본 것은 결국 느티나무 밑이었다. 몸에 급작스러운 변화가 와서 어머니 앞에 부끄러운 생각을 하고 누워 있는 동안에 준보도 고달픈 병으로 학교를 쉬었다.

명예로운 졸업식에도 참가하지 못하고 준보는 병에서 일어나자 바로 서울로 공부를 떠난 까닭이었다.

그를 그리워하는 마음이 불현듯이 솟았다. 재희네 집안이 사정에 따라 서울로 옮겨앉고 따라서 재희가 웃학교에 들게 된 것은 여러 해 후였으나 준보의 자태는 늘 마음 속에 꿈결같이 우렷하였다*. 그러나 오늘 소설가로서 눈에 띌 줄을 추측하지 못하였다.

병석에 눕게 된 오늘의 재희에게 준보의 출현은 그 무슨 묵시와도 같다. 생각에 마음이 산란하고 피곤하여졌다.

이야기책을 덮고 눈을 감았다. 문득 생각이 나 준보의 자태가 있는 학교 때의 옛 사진을 찾아낼까 하다가 귀찮은 심사에 단념하였다.

---

* 우렷하다 보일 듯 말 듯 희미하고 엷다.

3

사치한 생각으로가 아니라 재희에게는 실질적으로 결혼이 불행하였다.

준보와는 대차적이던 옛날의 쥐알 봉수와도 같은 성격의 사람을 구하게 된 것부터가 뼈저린 착오였다. 은행원이었다.

어머니를 여의고 그 위에 경영하던 회사에 파산까지 당한 불여의의 아버지를 위로하기 위하여 그의 뜻에만 소경같이 좇은 것이 비극의 시초였을까.

결혼은 글자대로 무덤이었다. 뒤넘군은 무덤 같은 커다란 뽕침을 가정에 남겨 놓고 자취를 감추었다. 논실례를 차린 것도 개차반의 짓이었으나 더욱 거쿨진* 것은 은행의 금고를 연 것이었다. 그의 실종은 해를 넘어도 자취가 아득하였다.

재희는 당초의 그의 무의지를 뉘우쳤다. 할 일 없는 시가에 더 있을 수도 없어 친가로 돌아오기는 왔으나…….

더구나 친가에서는 하는 수도 없어 한 번 물러섰던 학교에서 다시 생활을 구하게 되었다.

학교는 꿈의 보금자리였다. 소년과 소녀들의 자태 속에 옛날의 그들의 모양을 비추어 볼 수 있음으로였다. 그림자 속에서 타는 가느다란 촛불의 청춘이라고 할까!

아버지는 쓸쓸한 집안에서 돌부처같이 침묵하였다.

반백의 머리에 턱에 주름살이 접고 온종일 늙은 앵무만큼도 말이 적고 서둘렀다. 돌같이 표정이 없고 차다.

개차반의 소행에 대하여서조자 한 마디의 책도 없었다. 모든 것을 긍정하고 굽어만 보는 조물주의 의지와도 같이 엄연하였다. 하기는 개차

---

* 거쿨지다 몸집이 크고 말이나 하는 짓이 씨억씨억하다.

반을 나무랄 처지가 못 되는 까닭이었을까? 그 자신 방불한 길을 걸어
왔으니까.

4

재희의 인생의 기억은 네 살부터 시작되었다.

서울로 달아난 아버지는 네 해를 넘어도 돌아오지 않았다. 공부를 칭
탁*함이었으나 어지러운 소문에 어머니는 기어이 뒤를 좇기를 결심하
였다. 물론 공방을 지킴을 측은히 여겨 시가 편에서 떼어 준 것이었다.
좁은 가마 속에 재희도 같이 앉아 반 천릿길의 서울 길을 서쪽으로 서
쪽으로 여러 날이나 흔들렸다.

철교 없는 한강을 쪽배로 건넜다. 귀용*배로 나일 강을 건너는 격이
었을까!

모든 것이 이끼 속에 묻혀 전설과 같이도 멀다. —— 가마이며 쪽배
이다.

학교를 마치고 벼슬을 얻은 아버지는 깨끗하게 닦아 놓은 도읍 사람
이었다. 포천집과 젊은 꿈 속에 있는 그에게 그들의 도착은 큰 놀람이
었다.

포천집 폭살에 모처럼의 서울도 재희 모녀에게는 가시밭이었다. 주
일의 예배당을 찾아 아름다운 찬미가 속에 위안을 발견하는 모녀였다.
담배 심부름을 나갔다가 한길에서 뱀 잡아 든 것을 보고 가엾은 짐승의
기괴한 아름다움에 취하여 정신 없이 서 있는 재희였다.

공부 온 먼촌 일가의 국현이가 때때로 군밤을 가지고 와서 재희의 마
음을 기쁘게 하였다. 인자한 국현이의 무릎 위와 따뜻한 군밤과——재

---

* **칭탁**(稱託) 핑계를 대는 것.
* **귀용** '구유'의 사투리. 말 따위의 가축에게 먹이를 담아 주는 그릇.

희의 전기 속의 축복된 부분이요 아름다운 한 페이지였다.

그러나 네 살적 인생은 모든 것이 이끼 속에 묻혀 전설과 같이도 멀다.
—— 예배당의 찬미가이며 거리의 뱀이며 따뜻한 무릎이며 군밤이며.

궂은 일이든 좋은 일이든 전설은 모두 아름다운 것이니 재희는 한 번
서울을 떠나 다시 그 곳을 바라볼 때 그것을 정확히 느꼈다. 솔가하여
가지고 고향으로 떨어진 것은 늙은 부모를 마지막으로 봉양하자는 아
버지의 뜻이었다. 낯선 적막 속에서 포천집은 눈을 감았다. 소생도 뒤
를 이어 떠났다. 아버지는 마음을 가다듬고 지방의 속관으로 여생을 보
내기로 하였다. 어머니도 비로소 마음의 안정을 얻었다. 재희는 학교에
들 나이에 이르렀다.

5

이야기를 좋아하는 마음은 어디서 오는 것일까? 재희는 글자를 깨친
지 얼마 안 되었음에도 서울 시대의 묵은 이야기책들을 끔찍이는 사랑
하였다.

긴 가을 밤에나 혹은 어머니나 그가 가벼운 병석에 있을 때에 그는
병풍 속 자리에 누워 신소설 〈추월색〉*을 낭독하였다. 아름다운 이 공
기는 모녀를 울리기에 족하였다. 정님이와 영창이의 기구한 운명의 축
복은 한없이 눈물지어 어느덧 한 가락의 초가 다 진하면 새 가락을 켜
놓고 운명의 다음 줄을 계속하여 읽곤 하였다.

어머니는 촛불과 같이 가만히 눈물지었다. 병풍 속 석류는 눈앞에 흐
리고 머리맡 약 냄새는 근심스러웠다.

이야기 속의 장면으로 재희는 서울을 상상하기를 즐겨하였다. 그러

---

*〈추월색(秋月色)〉 1912년 3월에 발표된 최찬식의 신소설. 기구한 남녀의 사랑을 다룬 작품
으로 당시 호평을 받았음.

므로 서울은 지극히 아름다운 것이었고 옛 기억은 전설과 같이 그리운 것이었다.

물론 자란 후 다시 서울을 보았을 때에는 이 소녀 시대의 아름다운 꿈은 그림자조차 찾아볼 수 없이 곱게 사라졌고 —— 서울은 한갓 산만한 거리로 비치었다.

준보는 학교에서 가장 영리한 아이였다. 새까만 눈동자에 총기가 흘렀다. 시험 때에는 늘 선생들의 혀를 말게 하였다. 재희도 반에서 수석인 까닭으로 두 사람이 가까워진 것은 아니나, 재희는 모인 총중에 준보의 모양이 안 보이면 마음이 적적해지게까지 되었다. 새 치마를 입거나 새 신을 신었을 때에는 누구보다도 먼저 그에게 보이고 싶었다. 선생에게 칭찬받는 것을 들으면 귀에 즐거웠다.

동무들의 요란한 놀림을 겉으로는 귀찮게 여겼으나 속으로는 도리어 기뻐하였다. 웬일인지 재희는 늘 〈추월색〉의 슬픈 이야기를 생각하였다. 준보를 생각할 때에 어린 마음에 으레 정님이와 영창이의 사실이 떠오르곤 하였다.

6

먼 산에 소풍을 갔을 때에 준보는 덤불 속을 교묘하게 들춰 익은 으름을 송이송이 찾아다 재희에게 던졌다. 그러면서도 잔잔하게 말을 거는 법은 없이 늘 뿌루퉁하고 퉁명스런 심술이었다. 새까만 눈방울이 한 피같이 빛났다.

봄이면 학교에서는 산놀이를 떠났다. 제각기 헤어졌을 때 준보들은 바위 위에 진달래꽃을 꺾으러 갔다. 철은 일렀으나 이름 모를 새들이 잎 핀 버들가지에서 지저귀었다. 좁은 지름길을 걸어 바위 위에 이르렀을 때에는 준보와 재희의 한 패만이 남고 다른 축들은 한동안 그림자가 보이지 않았다.

산은 험하여 바위 아래는 푸른 강물이 어마어마하게 내려다보였다. 바위코에 담뿍 몰린 한 떨기의 진달래가 마음을 흠뻑 당겼다. 재희의 원에 준보는 두려움도 잊고 날뜀을 냈다.

"내 손을 잡으렴."

바위 끝으로 기어가는 준보를 재희는 조마조마하게 바라보았다.

"일없다. 네 손쯤 붙들어야 소용 없어."

"뽐내다 떨어질라."

"떨어지면 너 시원하겠지?"

"녀석두 맘에 없는 소리만."

실쭉하고 돌아섰을 때 준보는 벌써 꽃뿌리에 손이 갔다. 간신히 두어 대 꺾어 쥐고 다시 손이 갔을 때에 팔에 스쳐 돌멩이가 굴렀다. 겁을 먹고 몸을 츠스러치는 바람에 디뎠던 발이 빗나가자 무른 바위는 으스러지며 더한층 와르르 헐어져 떨어졌다. 서슬에 준보의 몸은 엎으러지며 손을 빼든 채 앞으로 밀렸다.

재희는 아찔하여 반사적으로 풀썩 쓰러지면서 두 손으로 준보의 발을 붙들었다. 이어 몸을 일으키고 힘을 다하여 간신히 끌어 낼 수 있었다. 천행 준보는 떨어지지는 않았으나 대신 팔에 커다란 상처를 받았다.

"나 때문에 안됐구나."

"너 때문에? 너 주려고 꽃 꺾은 줄 아니?"

"고집쟁이두."

걷는 동안에 속이 풀려서 몸을 기대우리라고 생각하였으나 준보는 꼿꼿이 말도 없이 땅만 보고 걷는 것이 재희에게는 불만스러웠다.

준보를 서울로 보내게 되었을 때 그 불만은 한층 더 컸고 마음은 한갓 서글프기만 하였다.

관직의 한정이 찼을 때 아버지는 선조들의 묘만이 남은 실속 없는 고향을 헌신같이 버리고 다시 솔가하여 가지고 서울로 떠났다.

얼마 안 되는 축재로 아버지가 회사의 한 몫을 맡게 되었을 때 재희는 웃학교에 나아갔다.

준보의 자태가 마음 속에 없는 바는 아니었으나 시달리는 동안에 새벽별같이 차차 그림자가 엷어진 것은 사실이었다.

서울은 결코 전설의 서울이 아니고 꿈의 거리가 아니었다.

거리도, 서울도 그칠 바를 모르는 산문의 연속이었다.

재희의 청춘은 흰색 장막에 새겨진 회색 글자의 내용이었다.

같은 병풍 속에서 이야기책을 같이 읽는 어머니를 잃은 것은 그대로 큰 꿈을 잃은 셈이었다.

재희가 학교를 채 마치기도 기다리지 않고 아버지들의 회사가 기울기 시작한 것도 결코 우연은 아니었다.

아버지의 얼굴은 금계랍*을 먹은 상이었다. 아무리 애쓰나 회복의 도리는 없는 듯하였다.

하는 수 없이 재희는 제단에 오르는 애잔한 양이었다.

학교를 나오기가 바쁘게 꿈도 꾸지 못하였던 곳에서 생활의 길을 구하게 되었다.

흡사 그 자신이 어린 시절을 보내던 곳과도 같은 어린 학교에서 어린 아이들을 데리고 단조한 나날의 생활을 보게 되었다. 그 속에서는 포부도 희망도 다 으스러져서 한 줌의 재로 변하였다.

그러던 차의 결혼이라 아버지는 부쩍 성화였다. 재희는 아버지를 가

---

* **금계랍**(金鷄蠟) '염산키니네'를 통속적으로 이르는 말. 폐렴, 감기 등의 진통제로 쓰임.

없게 여기는 마음으로 자기의 뜻을 휘었다.

은행원이라고 도움이 되기를 바라던 것은 아니었다. 다만 아버지로서는 여러 가지로 불여의한 역경 속에서 한 가지씩이라도 집안일을 정리하자는 뜻이다.

8

그러나 결혼은 글자대로 무덤이었다.

공칙*하게 회사도 파산이었다.

재희는 별수없이 다니던 학교 의자에 다시 들어가 앉았다. 버둥질쳐야 어쩌는 수 없는 인생임을 깨달은 후라 마음은 한결 유하여 가지고 가라앉아 갔다.

단조한 속에서 생기를 구하려 하였다. 으스러진 잿속에서 옛 이야기를 찾으려 하였다. 어린 합창을 힘써 희망의 노래로 들었다. 맡은 반의 소년과 소녀 갑남이와 애순이의 관계에서 어렸을 때의 꿈을 되풀이하려 하였다.

갑남이는 고집쟁이였다. 도화 시간임에도 도화지를 가져오지 않은 때 이유를 물어도, 꾸중을 해도 돌같이 책상 앞에 웅크리고 앉아 말도 하는 법 없거니와 얼굴도 결코 쳐들지는 않는다. 완전히 말을 잊은 아이 같다.

표정 하나 변하지 않고 검은 눈방울로 책상을 노리면서 한 시간을 보내는 수도 있다.

애순이는 다정한 소녀였다. 여벌이 있으면 반드시 한 장을 갑남이에게 나누어 주었다. 솔직하게 받을 때도 있으나 종시 고집을 세우고 안

＊공칙하다 잘못되도록 하는 방해 요소가 공교롭다.

받는 때도 있었다.

"받으렴."

"일없다."

"고집 피우다 꾸중들을라."

"꾸중들으면 시원하겠니?"

"녀석두 맘에 없는 소리만."

어쩌다 받게 되면 다음 시간에는 갑절을 가져다가 도로 갚곤 하였다. 그 고집으로도, 반대로 애순이가 가령 붓을 잊었을 때에는 자진하여 여벌을 빌려 주었다.

갑남이는 가난하였다. 점심을 굶는 때가 많았다. 이상스러운 것은 그런 때에는 애순이도 역시 점심을 굶는 것이었다. 애순이는 결코 갑남이같이 가난하지는 않았다. 점심이 없을 리는 없었다. 수상히 여겨 하루 재희는 점심 시간이 끝나 교실이 비었을 때 은밀히 애순이의 책상 속을 살펴보았다.

놀란 것은 의젓하게 점심을 싸 가지고 온 것이다. 다음 날 갑남이가 점심을 먹을 때에 애순이도 먹었으나 다음 날 갑남이가 굶을 때에 애순이도 굶었다.

물론 책상 속에는 점심이 있음에도 불구하고 두 번째 그것을 발견하였을 때 형언할 수 없는 경건한 느낌이 재희의 가슴을 쳤다. 한편 다쳐서는 안 될 성스러운 것에 손을 다친 것 같아서 송구스러운 느낌이 마음을 죄었다.

가만히 애순이를 불러 이유를 들었을 때 문득 가슴이 저리고 눈시울이 더워졌다.

"갑남이가 안 먹으면 먹구 싶지 않아요."

재희는 그 날 돌아오던 길로 이불 속에서 혼자 흠뻑 울었다. 그 날같이 산 보람을 느낀 때도 적었다.

그 후로는 갑남이를 꾸짖기는커녕 두 아이를 똑같이 갑절 사랑하게 되었다.

자기들의 옛날이 그지없이 그리웠다.

9

산란한 심사에 몸이 유난히도 고달팠다.

재희는 학교를 쉬고 자리에 눕는 날이 많았다.

소설가로서 준보의 이름을 발견한 것은 커다란 놀람이었다.

무지개를 본 듯이 마음이 뛰놀았으나 옛날을 우러러보는 안에 정신이 무척 피곤도 하였다. 눈초리에 눈물 자취의 어지러운 지도를 그린 채 재희는 눈을 떴다.

체온계를 뽑으니 수은주가 높다. 신열이 나고 몸이 덥다.

고개를 돌리니 준보의 소설책이 다시 눈에 띄었다. 별안간 가슴이 찌르르하면서 눈물이 솟았다.

오장육부가 둘러패이고 세상이 검은 구렁텅이 속으로 일시에 빠져 들어가는 듯하다. 그 쓰라린 빈 느낌에 목소리를 놓고 엉엉 울고도 싶다. 저물어 가는 짧은 햇발이 창기슭에 노랗게 기울었다. 눈물에 젖어 베개가 축축하다.

석류

들

1

꽃다지, 질경이, 냉이, 딸장이, 민들레*, 솔구장이, 쇠민장이, 길오장이, 달래, 무릇, 시금치, 씀바귀, 돌나물, 비름, 능쟁이. 들은 온통 초록 전에 덮여 벌써 한 조각의 흙빛도 찾아볼 수 없다. 초록의 바다. 초록은 흙빛보다 찬란하고 눈빛보다 복잡하다.

눈이 보얗게 깔렸을 때에는 흰빛과 능금나무의 자줏빛과 그림자의 옥색빛밖에는 없어 단순하기 옷 벗은 여인의 나체와 같은 것이 —— 봄은 옷 입고 치장한 여인이다.

흙빛에서 초록으로 —— 이 기막힌 신비에 다시 한 번 놀라 볼 필요가 없을까! 땅은 어디서 어느 때 그렇게 많은 물감을 먹었길래 봄이 되면 한꺼번에 그것을 이렇게 지천으로 뱉어 놓을까? 바닷물을 고래같이

* **민들레** 꽃상치과에 딸린 여러해살이풀. 산과 들에 저절로 피어남.

민들레

들이켰던가, 하늘의 푸른 정기를 모르는 결에 함빡 마셔 두었다가 그것을 빗물에 풀어 시절이 되면 땅 위로 솟쳐 보내는 것일까! 그러나 한 포기의 풀을 뽑아 볼 때 잎새만이 푸를 뿐이지 뿌리와 흙에는 아무 물든 자취도 없음은 웬일일까?

시험관 속 붉은 물에 약품을 넣으면 그것이 금시에 새파랗게 변하는 비밀 —— 그것과도 흡사하다. 이 우주의 비밀의 약품 —— 그것은 결국 알 바 없을까? 한 톨의 보리알이 열 낟으로 나는 이치는 가르치는 이 있어도 그 보리알에서 푸른 잎이 돋는 조화의 동기는 옳게 말하는 이 없는 듯하다. 사람의 지혜란 결국 신비의 테두리를 뱅뱅 돌 뿐이요, 조화의 속의 속은 언제까지나 열리지 않는 '판도라의 상자' 일 듯싶다. 초록 풀에 덮인 땅의 뜻은 초록 옷을 입은 여자의 마음과도 같이 엿볼 수 없는 저 건너 세상이다.

야들야들 나부끼는 초목의 양자는 부드럽게 솟는 음악. 줄기는 굵고 잎은 연한 멜로디의 마디마디이다. 부피 있는 대궁은 나팔 소리요, 가는 가지는 거문고의 음률이라고도 할까! 알레그로가 지나고 안단테에 들어갔을 때의 감동 —— 그것이 봄의 걸음이다. 풀 위에 누워 있으면 은근한 음악의 율동에 끌려 마음이 너볏너볏 나부낀다.

꽃다지, 질경이, 민들레……. 가지가지 풋나물을 뜯어먹으면 몸이 초록으로 물들 것 같다. 물들어야 될 것 같다. 물들어야 옳을 것 같다. 물들지 않음이 거짓말이다. 물들지 않으면 안 될 것 같다.

새가 지저귄다. 꾀꼬리일까?

지평선이 아롱거린다. 들은 내 세상이다.

2

언제까지든지 푸른 하늘을 우러러보고 있으면 나중에는 현기증이 나

며 눈이 둘러빠질 듯싶다. 두 눈을 뽑아서 푸른 물에 채웠다가 라무네*
병 속의 구슬같이 차진 놈을 다시 살 속에 박아넣은 것과도 같이 눈망
울이 차고 어리어리하고 푸른 듯하다. 살과는 동떨어진 유리알이다. 그
렇게도 하늘은 맑고 멀다. 눈이 아픈 것은 그 하늘을 발칙하게도 오랫
동안 우러러본 벌인 듯싶다. 확실히 마음이 죄송스럽다. 반나절 동안
두려움 없이 하늘을 똑바로 쳐다볼 수 있는 사람이란 세상에서도 가장
착한 사람이거나, 그렇지 않으면 가장 용기 있는 악한이어야 할 것이
다. 그렇게도 푸른 하늘은 거룩하다.

　눈을 돌리면 눈물이 푹 쏟아진다. 벌판이 새파랗게 물들어 눈앞에 아
물아물한다. 이런 때에는 웬일인지 구름 한 점도 없다. 곁에는 한 묶음
의 꽃이 있다. 오랑캐꽃, 고들빼기, 노고초, 새고사리, 까치무릇, 대계,
마타리, 차치광이…… 나는 그것들을 섞어 틀어 꽃다발을 겯기* 시작한
다. 각색 꽃판과 꽃술이 무릎 위에 지천으로 떨어진다. 그것은 헤어지
는 석류알보다도 많다.

　나는 들이 언제부터 이렇게 좋아졌는지를 모른다. 지금에는 한 그릇
의 밥, 한 권의 책과 똑같은 지위를 마음 속에 차지하게 되었다. 책에서
읽은 이론도 아니요, 얻어들은 이치도 아니요, 몇 해 동안 하는 일 없이
들과 벗하고 지내는 동안에 이유없이 그것은 사람 속에 푹 젖었던 것이
다. 어릴 때에 동무들과 벌판을 헤매며 찔레를 꺾으러 가시덤불 속에
들어가고, 소똥버섯을 따다 화로 속에 굽고 메를 캐러 밭이랑을 들치며
골로 말을 만들어 끌고 다니느라고 집에서보다도 들에서 더 많이 날을
지우던 —— 그 때가 다시 부활하여 돌아온 셈이다. 사람은 들과 뗄래
야 뗄 수 없는 인연에 있는 것 같다.

　자연과 벗하게 됨은 생활에서의 퇴각을 의미하는 것일까? 식물적 애

---

* 라무네　레모네이드. 레몬 맛이 나는 청량음료.
* 겯다　풀리지 않도록 서로 어긋매끼게 끼거나 걸치다.

정은 반드시 동물적 열정이 진한 곳에 오는 것일까? 학교를 쫓기고 서울을 물러오게 된 까닭으로 자연을 사랑하게 된 것일까? 그러나 동무들과 골방에서 만나고 눈을 기여 거리를 돌아치다 붙들리고, 뛰다 잡히고 쫓기고 —— 하였을 때의 열정이나 지금에 들을 사랑하는 열정이나 일반이다. 지금의 이 기쁨은 그 때의 그 기쁨과도 흡사한 것이다. 신념에 목숨을 바치는 영웅이라고 인간 이상이 아닐 것과 같이 들을 사랑하는 졸부라고 인간 이하는 아닐 것이다. 아직도 굳은 신념을 가지면서 지난 날에 보던 책들을 들척거리다가도 문득 정신을 놓고 의미 없이 하늘을 우러러보는 때가 많다.

"학보, 이제는 고향이 마음에 붙는 모양이지."

마을 사람들은 조롱도 아니요 치사도 아닌 이런 말을 던지게 되었고, 동구 밖에서 만나는 이웃집 머슴은 인사 대신에 흔히,

"해동지 늪에 붕어 떼 많던가?"

고기 사냥 갈 궁리를 하거나, 그렇지 않으면,

"십리정 보리 고개 숙였던가?"

하고 곡식의 소식을 묻게 되었다. 마을 사람들보다도 내가 더 들과 친하고 곡식의 소식을 잘 알게 된 증거이다.

나는 책을 외우듯이 벌판의 구석구석을 샅샅이 외우고 있다.

마음 속에는 들의 지도가 세밀히 박혀 있고 사철의 변화가 표같이 적혀 있다. 나는 들 사람이요 들은 내 것과도 같다.

어느 논두덩의 청대콩이 가장 진미이며, 어느 이랑의 감자가 제일 굵다는 것을 알 수 있다. 새발고사리가 많이 피어 있는 진펄과 종달새* 뜨는 보리밭을 짐작할 수 있다. 남대천 어느 모퉁이를 돌 때 가장 고기가 흔하다는 것도 알게 되었다. 개리, 쇠리, 불거지가 덕실덕실 끓는 여울

---

* **종달새** 종다리과에 속하는 한 종. 참새보다 조금 크며 몸에 거무스름한 가로무늬가 있음.

과, 메기, 뚜구뱅이가 잠겨 있는 웅덩이와, 쏘가리, 꺽지가 누워 있는 바위 밑과 , 매재와 곤들매기를 잡으려면 철교께서도 몇 마장을 더 올라가야 한다는 것과, 쇠치네와 기름종개를 뜨려면 얼마나 벌판을 나가야 될 것을 안다. 물 건너 귀룽나무 수풀과 방치골 으름덩굴 있는 곳을 아는 것은 아마도 나뿐일 듯싶다.

학교를 퇴학맞고 처음으로 도회를 쫓겨 내려왔을 때에 첫걸음으로 찾은 곳은 일가집도 아니요 동무집도 아니요, 실로 이 들이었다. 강가의 사시나무가 제대로 있고, 버들숲 둔덕의 잔디가 헐리지 않았으며, 과수원의 모습이 그대로 남은 것을 보았을 때의 기쁨이란 형언할 수 없이 큰 것이었다. 고향을 그리워하는 마음이란 곧 산천을 사랑하고 벌판을 반가워하는 심정이 아닐까! 이런 자연의 풍물을 내놓고야 고향의 그림자가 어디에 알뜰히 남아 있는가! 헐리어 가는 초가지붕에 남아 있단 말인가? 고향을 꾸미는 것은 사람이면서도 그리운 것은 더 많이 들과 시냇물이다.

3

시절은 만물을 허랑하게* 만드는 듯하다.
짐승은 드러내놓고 모든 것을 들의 품 속에 맡긴다.
새풀 숲에서 새 둥우리를 발견한 것을 나는 알 수 없이 기쁘게 여겼다. 거룩한 것을 —— 아름다운 것을 —— 찾은 느낌이다. 집과 가족들을 송두리째 안심하고 땅에 맡기는 마음씨가 거룩하다. 풀과 깃을 모아 두툼하게 결은 둥우리 안에는 아직 까지 않은 알이 너덧 알 들어 있다. 아롱아롱 줄이 선 풋대추만큼씩한 새알. 막 뛰어나려는 생명을 침착하

---

* 허랑(虛浪)하다 말과 행동이 허황하고 실없다.

게 간직하고 있는 얇은 껍질 —— 금시에 딸깍 두 조각으로 깨뜨려질 모태 —— 창조의 보금자리!

그 고요한 보금자리가 행여나 놀라고 어지럽혀질까를 두려워하여 둥우리 기슭에 손가락 하나 대기조차 주저되어, 나는 다만 한참 동안이나 물끄러미 바라보고 섰다가 풀포기를 제대로 덮어 놓고 감쪽같이 발을 옮겨 놓았다. 금시에 알이 쪼개지며 생명이 돋아날 듯싶다. 등 뒤에서 새가 푸드득 날아들 것 같다. 적막을 깨뜨리고 하늘과 들을 놀래며 푸드득 날았다! 생각에 마음이 즐겁다.

그렇게 늦게 까는 것이 무슨 새일까? 청새일까? 덤불지일까? 고요하게 뛰노는 기쁜 마음을 걷잡을 수 없어 목소리를 내서 노래라도 부를까 느끼며 둑 아래로 발을 옮겨 놓으려다 문득 주춤하고 서 버렸다.

맹랑한 것이 눈에 띈 까닭이다. 껄껄 웃고 싶은 것을 참고 풀 위에 주저앉았다. 그 웃고 싶은 마음은 노래라도 부르고 싶던 마음의 연장인지도 모른다. 다시 말하면 그 맹랑한 풍경이 나의 마음을 결코 노엽히거나 모욕한 것이 아니요, 도리어 아까와 똑같은 기쁨을 자아내게 한 것이다. 일반으로 창조의 기쁨을 보여 준 것이다.

개울녘 풀밭에서 한 자웅의 개가 장난치고 있는 것이다. 하늘을 겁내지 않고 들을 부끄러워하지 않고 사람의 눈을 꺼리는 법 없이 자웅은 터놓고 마음의 자유를 표현할 뿐이다. 부끄러운 것은 도리어 이쪽이다. 나는 얼굴을 붉히면서 대중없이 오랫동안 그 요절할 광경을 바라보기가 몹시도 겸연쩍었다. 확실히 시절의 탓이다. 가령 추운 겨울 벌판에서 나는 그런 장난을 목격한 일이 없다. 역시 들이 푸른 때, 새가 늦은 알을 깔 때, 사웅노 농탕지는 것이다. 나는 그 광경을 성내서는, 비웃어서는 안 되었다.

보고 있는 동안에 어디서부터인지 자웅에게로 돌멩이가 날아들었다. 킬킬킬킬 웃음소리가 나며 두 번째 것이 날았다. 가뜩이나 몸이 떨어지지 않는 자웅은 그제서야 겁을 먹고 흘금흘금 눈을 굴리며 어색한 걸음으로 주체스런 두 몸을 비틀거렸다. 나는 나 이외에 그 광경을 그 때까지 은근히 바라보고 있던 또 한 사람이 부근에 숨어 있음을 비로소 알고 더한층 부끄러운 생각이 와락 나며 숨도 크게 못 쉬고 인기척을 죽이고 잠자코만 있을 수밖에는 없었다.

세 번째 돌멩이가 날리더니 이윽고 호담스런 웃음소리가 왈칵 터지며 아래편 숲 속에서 사람의 그림자가 덥석 뛰어나왔다. 빨래 함지를 인 채 한 손으로는 연해 자웅을 쫓으면서 어깨를 떨며 웃음을 금할 수 없다는 자세였다.

그 돌연한 인물에 나는 놀랐다. 한편 엉겼던 마음이 풀리기도 하였다. 옥분이었다. 빨래를 하고 나자 그 광경임에 마음 속 은밀히 흠뻑 그것을 즐기고 난 뒤인 모양이었다. 그러나 나의 놀람보다도 옥분이가 문득 나를 보았을 때의 놀람 —— 그것은 몇 곱절 더 큰 것이었다. 별안간 웃음을 뚝 그치고 주춤 서는 서슬에 머리에 이었던 함지가 왈칵 떨어질 판이었다. 얼굴의 표정이 삽시간에 검붉게 질려 굳어졌다. 눈알이 땅을 향하고 한편 손이 어쩔 줄 몰라 행주치마를 의미 없이 꼬깃거렸다. 별안간 깊은 구렁에 빠진 것과도 같은 그의 궁착한 처지와 덴 마음을 건져 주기 위하여 나는 마음에도 없는 목소리를 일부러 자아내어 관대한 웃음을 한바탕 웃으면서 그의 곁으로 내려갔다.

"빌어먹을 짐승들!"

마음에도 없는 책망이었으나 옥분의 마음을 풀어 주자는 뜻이었다.

"득추 녀석쯤이 너를 싫달 법 있니, 주제넘은 녀석!"

이어 다짜고짜로 그의 일신의 이야기를 집어낸 것은 그의 주의를 다른 곳으로 돌리자는 생각이었다. 군청 고원 득추는 일껏 옥분과 성혼이 된 것을 이제 와서 마다고 투정을 내고 다른 감을 구하였다. 옥분의 가세가 빈한하여 들고날 판이므로 혼인 뒤에 닥쳐올 여러 가지 귀찮은 거

래를 염려하여 파혼한 것이 확실하다. 득추의 그런 꾀바른 마음씨를 나무라는 것은 나뿐이 아니었다. 마을 사람들은 거개 고원의 불신을 책하였다.

"배반을 당하고 분하지도 않느냐?"

"모른다."

옥분은 도리어 짜증을 내며 발을 떼놓았다.

"그 녀석 한번 해내 줄까?"

웬일인지 그에게로 쏠리는 동정을 금할 수 없다.

"쓸데없는 짓 할 것 있니?"

동정의 눈치를 보면서도 시치미를 떼는 옥분의 마음씨에는 말할 수 없이 그윽한 것이 있어 그것이 은연중에 마음을 당긴다.

눈앞에 멀어지는 그의 민출한* 자태가 가슴 속에 새겨진다. 검은 치마폭 밑으로 드러난 불그레한 늘씬한 두 다리——자작나무보다도 더 아름다운 것——헐벗기 때문에 한결 빛나는 것, 세상에도 가지고 싶은 탐나는 것이다.

4

일요일인 까닭에 오래간만에 문수와 함께 둑 위에서 하루를 보낼 수 있었다. 날마다 거리의 학교에 가야 하는 그를 자주 붙들어 낼 수는 없다. 일요일이 없는 나에게도 일요일이 있는 것이다.

바다를 바라볼 수 있는 둑에 오르면 마음이 활짝 열리는 듯이 시원하다. 바닷바람이 아직 조금 차기는 하나 신선한 맛이다. 잔디밭에는 간간이 피지 않은 해당화 봉오리가 조촐하게 섞였으며, 둑 맞은편에 군데군데 모여진 백양나무 잎새가 햇빛에 반짝반짝 나부껴 은가루를 뿌린 것 같다.

문수는 빌려 갔던 몇 권의 책을 돌려 주고 표해 두었던 몇 구절의 뜻을 질문하였다. 나는 그에게는 하루의 선배인 것이다. 돈독하게 띄워 주는 것이 즐거운 의무도 되었다.

'공부'가 끝난 다음 책을 덮어 두고 잡담에 들어갔을 때에 문수는 탄식하는 어조였다.

"학교가 점점 틀려 가는 모양이다."

구체적 실례를 가지가지 들고 나중에는 그 한 사람의 협착한 처지를 말하였다.

"책 읽는 것까지 들켰네. 자네 책도 뺏길 뻔했어."

---

* 민출하다 미련하고 덜되다.

짐작되었다.

"나와 사귀는 것이 불리하지 않은가?"

"자네 걸은 길대로 되어 나가는 것이 뻔하지. 차라리 그 편이 시원하겠네."

너무 궁박한 현실 이야기만도 멋없어 두 사람은 무릎을 툭 털고 일어서 기분을 가다듬고 노래를 불렀다. 아는 말 아는 곡조로 모조리 불렀다.

노래가 진하면 번갈아 서서 연설을 하였다. 눈앞에 수많은 대중을 가상하고 목소리를 다하여 부르짖어 본다. 바닷물이 수물거리나 어쩌나, 새들이 놀라서 떨어지나 어쩌나를 시험하려는 듯이도 높게 고함쳐 본다. 박수하는 사람은 수만의 대중 대신에 한 사람의 동무일 뿐이나, 지껄이는 동안에 정신이 흥분되고 통쾌하여 간다. 훌륭한 공부이며 단련이다.

협착한 땅 위에 그렇게 자유로운 벌판이 있음이 새삼스러운 놀람이다. 아무리 자유로운 말을 외쳐도 거기에서만은 '중지'를 당하는 법이 없으니까 말이다. 땅 위는 좁으면서도 넓은 셈인가? 둑은 속 풀리는 시원한 곳이며, 문수와 보내는 하루는 언제든지 다시없이 즐거운 날이다.

5

과수원 철망 너머로 엿보이는 철 늦은 딸기——잎새 사이로 불긋불긋 돋아난 송이, 굵은 양딸기, 지날 때마다 건강한 식욕을 참을 수 없다.

더구나 달빛에 젖은 딸기의 양자란 마치 크림을 끼얹은 것과도 같아서 한층 부드럽게 빛난다.

탐나는 열매에 눈독을 보내며 철망을 넘기에 나는 반드시 가책과 반성으로 모질게 마음을 매질하지는 않았으며 그럴 필요도 없었다. 그것이 누구의 과수원이든 간에 철망을 넘는 것은 차라리 들사람의 일종의 성격이 아닐까? 들사람은 또 한편 그것을 용납하고 묵인하는 아량도 가지고 있는 것이다. 나는 몇 해 동안에 완전히 이 야취의 성격을 얻어 버린 것 같다.

흐뭇한 송이를 정신 없이 따서 입에 넣으면서도 철망 밖에서 다만 탐내고 보기만 할 때보다 한층 높은 감동을 느끼지 못하게 됨은 되려 웬일일까. 입의 감동이 눈의 감동보다 떨어지는 탓일까? 생각만 할 때의 감동이 실상 당하였을 때의 감동보다 항용 더 나은 까닭일까? 나의 욕심을 만족시키기에는 불과 몇 송이의 딸기가 필요할 뿐이었다. 차라리 벌판에 지천으로 열려 언제든지 딸 수 있는 들딸기 편이 과수원 안의 양딸기보다 나음을 생각하며 나는 다시 철망을 넘었다.

멍석딸기, 중딸기, 장딸기, 나무딸기, 감대딸기, 곰딸기, 닷딸기, 배암딸기……

능금나무 그늘에 난데없는 사람의 그림자를 발견하자 황급히 뛰어넘다 철망에 걸려 나는 옷을 찢겼다. 그러나 옷보다도 행여나 들키지나 않았나 하는 염려가 앞서 허둥지둥 풀 속을 뛰다가 또 공교롭게도 그가 옥분임을 알고 마음이 일시에 턱 놓였다. 그 역 딸기밭을 노리고 있던 터가 아닐까? 철망 기슭을 기웃거리며 능금나무 아래 몸을 간직하고 있지 않았던가!

언제인가 개천 둑에서 기묘하게 만난 후 두 번째의 공교로운 만남임을 이상하게 여기고 있는 동안에 마음이 퍽이나 헐하게 놓여졌다. 가까이 가서 시룽시룽 말을 건 것도 그리 어색하지 않고 자연스러웠다. 그 역시 스스러워하지 않고 수월하게 말을 받고 대답하고 하였다. 전날의 기묘한 만남이 확실히 두 사람의 마음을 방긋이 열어 놓은 것 같다.

"딸기 따 줄까?"

"무서워."

그의 떨리는 목소리가 왜 그리도 나의 마음을 끌었는지 모른다. 나는 떨리는 그의 팔을 붙들고 풀밭을 지나 버드나무 숲 속으로 들어갔다. 그의 입술은 딸기보다도 더 붉다. 확실히 그는 딸기 이상의 유혹이었다.

"무서워."

"무섭긴."

하고 달래기는 하였으나 기실 딸기를 훔치러 철망을 넘을 때와 똑같이 가슴이 후둑후둑 떨림을 어쩌는 수 없었다. 버드나무 잎새 사이로 달빛이 가늘게 새어들었다. 옥분은 굳이 거역하려고 하지 않았다.

양딸기 맛이 아니요 확실히 들딸기 맛이었다. 멍석딸기, 나무딸기의 신선한 감각에 마음은 흐뭇이 찼다.

아무리 야취의 습관에 젖었기로 철망 넘어 딸기를 딸 때와 일반으로 아무 가책도 반성도 없었던가! 벌판서 장난치던 한 자웅의 짐승과 일반이 아닌가! 그것이 바른가, 그래서 옳을까 하는 한 줄기의 곧은 생각이 한결같이 뻗쳐오름을 억제할 수는 없었다. 결국 마지막 판단은 누가 옳게 내릴 수 있을까?

6

며칠이 지나도 여전히 귀찮은 생각이 머릿속에 뱅 돈다. 어수선한 마음을 활짝 씻어 버릴 양으로 아침부터 그물을 들고 집을 나섰다.

그물을 후릴 곳을 찾으면서 남대천 물줄기를 따라 올라간 것이 시적시적 걷는 동안에 어느덧 철교께서도 근 십 리를 올라가게 되었다. 아무 고기나 닥치는 대로 잡으려던 것이 그렇게 되고 보니 불현듯이 곤들매기를 후려 볼 욕심이 솟았다. 고기 사냥 중에서도 가장 운치 있고 흥 있는 곤들매기 사냥에 나는 몇 번인지 성공한 일이 있어 그 호젓한 멋을 잘 안다. 그 중 많이 모여 있을 듯이 보이는 그럴듯한 여울을 점쳐 첫 그물을 던져 보기로 하였다.

산 속에 오목하게 둘러싸인 개울 —— 물도 맑거니와 물소리도 맑다. 돌을 굴리는 여울 소리가 티끌 한 점 있을 리 없는 공기와 초목을 영롱하게 울린다. 물 속에 노는 고기는 산신령이나 아닐까?

옷을 활짝 벗어부치고 그물을 메고 물 속에 뛰어들었다. 넉넉히 목욕할 시절임에도 워낙 산골 물이라 뼈에 차다. 마음이 한꺼번에 씻겨졌다느니보다도 도리어 얼어붙을 지경이다. 며칠 내로 내려오던 어수선한 생각이 확실히 덜해지고 날아갔다고 할까. 그러나 그러면서도 마지막 한 가지 생각이 아직도 철사같이 가늘게 꿰뚫고 흐름을 속일 수는 없었다.

'사람의 사이란 그렇게 수월할까?'

옥분과의 그 날 밤 인연이 어처구니없게 쉽사리 맺어진 것이 도리어 의심쩍은 것이었다. 아무 마음의 거래도 없던 것이 달빛과 딸기에 꾀임을 받아 그 때 그 자리에서 금방 응낙이 되다니. 항용 거기에 이르기까지의 두 사람의 마음의 교섭이란 이야기 속에서 읽을 때에는 기막히게

장황하고 지리한 것이었는데 그것이 그렇게 수월할 리 있을까? 들 복판에서는 수월한 법일까?

'책임 문제는 생기지 않는가?'

생각은 다시 솔솔 풀린다. 물이 찰수록 생각도 점점 차게만 들어간다.

물이 다리목을 넘게 되었을 때 그쯤에서 한 훑기 던져 보려고 그물을 펴 들고 물 속을 가늠보았다. 속물이 꽤 세어 다리를 훑친다. 물때 낀 돌멩이가 몹시 미끄러워 마음대로 발을 디딜 수 없다. 누르칙칙한 물 속이 적확히 보이지 않는다. 몇 걸음 아래 편은 바위요 바위 아래는 소가 되어 있다.

그물을 던질 때의 호흡이란 마치 활을 쏠 때의 그것과도 같이 미묘한 것이어서 일종의 통일된 정신과 긴장된 자세를 요구하는 것임을 나는 경험으로 잘 안다. 그러면서도 그 때 자칫하여 기어이 실수를 하게 된 것은 필시 던지는 찰나까지도 통일되지 못한 마음이 어수선하고 정신

이 까닥거렸음이 확실하다. 몸이 휘뚝하고 휘더니 횡하게 날아야 할 그물이 물 위에 떨어지자 어지럽게 흩어졌다. 발이 미끄러져 센 물결에 다리가 쓸리니까 그물은 손을 빠져 달아났다. 물 속에서 넘어져 흐르는 몸을 아무리 버둥거려야 곧추 일으키는 장사 없었다. 생각하면 기가 막히나 별수없이 몸은 흐를 대로 흐르고야 말았다.

바위에 부딪혀 기어코 소*에 빠졌다. 거품을 날리는 폭포 속에 송두리째 푹 잠겼다가 휘엿이 솟으면서 푸른 물 속을 뱅 돌았다. 요행 헤엄의 습득이 약간 있던 까닭에 많은 고생 없이 허우적거리고 소를 벗어날 수는 있었다.

면상과 어깻죽지에 몇 군데 상처가 있었다. 피가 돋았다. 다리에는 군데군데 시퍼렇게 멍이 들어 있음을 보았다. 잃어버린 그물은 어느 줄기에 묻혀 흐르는지 알 바도 없거니와 찾을 용기도 없었다. 곤들매기는 물론 한 마리도 손에 쥐어 보지 못하였다.

귀가 메이고 코에서는 켰던 물이 줄줄 흘렀다. 우연히 욕을 당하게 된 몸뚱아리를 훑어보며 나는 알 수 없는 부끄러움을 느꼈다. 별안간 옥분의 몸이——향기가 눈앞에 흘러왔다. 비밀을 가진 나의 몸이 다시 돌아보이며 한동안 부끄러운 생각이 쉽게 꺼지지 않았다.

7

문수는 기어코 학교를 쫓겨났다. 기한 없는 정학 처분이었으나 영영 몰려난 것과 같은 결과이다. 덕분에 나도 빌려 주었던 책권을 영영 빼앗긴 셈이었다.

차라리 시원하다고 문수는 거드름 부렸으나 시원하지 않은 것은 그

＊소(沼) 늪. 땅바닥이 우묵하게 둘러 빠지고 물이 많이 괸 곳.

의 집안 사람들이다. 들볶는 바람에 그는 집을 피하여 더 많이 나와 지내게 되었다. 원망의 물줄기는 나에게까지 튀어 왔다. 나는 애매하게도 그를 타락시켜 놓은 안된 놈으로 몰릴 수밖에는 없다.

별수없이 나날을 들과 벗하게 되었다. 나는 좋은 들의 동무를 얻은 셈이다. 풀밭에 서면 경주를 하고 시냇가에 서면 납작한 돌을 집어 물 위에 수제비를 뜨기가 일쑤이다. 돌을 힘껏 던져 그것이 물 위에 뛰어가는 뜀수를 세는 것이다. 하나 둘 셋 넷 다섯 여섯 일곱 여덟 —— 이 최고 기록이다. 돌은 굴러갈수록 걸음이 좁아지고 빨라지다 나중에는 깜박 물 속에 꺼진다. 기차가 차차 멀어지고 작아지다 산모퉁이에 깜박 사라지는 것과도 같다. 재미있는 장난이다. 나는 몇 번이고 싫지 않게 돌을 집어 시험하는 것이었다.

팔이 축 처지게 되면 다시 기운을 내어 모래밭에 겨루고 서서 씨름을 한다. 힘이 비등하여 승패가 상반이다. 떼밀기도 하고 샅바씨름도 하고 잡아낚기도 하고 다리걸이 딴죽치기 기술도 차차 늘어가는 것 같다.

"세상에서 제일 장하고, 제일 크고, 제일 아름답고, 제일 훌륭하고, 제일 바른 것이 무엇이냐?"

되건 말건 수수께끼를 걸고,

"힘이다!"

라고 껄껄껄껄 웃으면 오장육부가 물에 헤운 듯이 시원한 것이다. 힘! 무슨 힘이든지 좋다. 씨름을 해 가는 동안에 우리는 힘에 대한 인식을 한층 더 새롭혀 갔다. 조직의 힘도 장하거니와 그것을 꾸미는 한 사람의 힘이 크다면 더한층 아름다운 것이 아닐까!

8

문수와 천렵을 나섰다.

그물을 잃은 나는 하는 수 없이 족대를 들고 쇠치네 사냥을 하러 시냇물을 훑어 내려갔다.

벌판에 냄비를 걸고 뜬 고기를 끓이고 밥을 지었다.

먹을 것이 거의 준비되었을 때 더운 판에 목욕을 들어갔다.

땀을 씻고 때를 밀고는 깊은 곳에 들어가 물장구와 가댁질*이다. 어린아이 그대로의 순진한 마음이 방울방울 날리는 물방울과 함께 하늘을 휘덮었다가는 쏟아지는 것이다.

물가에 나와 얼굴을 씻고 물을 들일 때에 문수는 다가와,

"어깨의 상처가 웬일인가?"

하고 나의 어깨의 군데군데를 가리켰다. 나는 뜨끔하면서 그 때까지 완전히 잊고 있던 곤들매기 사냥과 거기에 관련된 옥분과의 일건이 생각났다.

어떻게 할까 망설이다가 그에게까지 기일* 바 못 되어 기어코 고기잡이 이야기와 따라서 옥분과의 곡절을 은연중 귀띔하여 주게 되었다.

이상한 것은 그의 태도였다.

"명예의 부상일세그려."

놀리고는 걱실걱실 웃는 것이다. 웃다가 문득 그치더니,

"이왕 말이 났으니 나도 내 비밀을 게울 수밖에는 없게 되었네그려."

정색하고 말을 풀어 냈다.

"옥분이. ── 나도 그와는 남이 아니야."

어안이 벙벙한 나의 어깨를 치며,

"생각하면 득추와 파혼된 후로부터는 달뜬 마음이 허랑해진 모양이데, 일종의 자포자기야. 죽일 놈은 득추지. 옥분의 형편이 가엾기는 해."

＊가댁질 아이들이 서로 피하고 서로 잡으려고 이리저리 쫓아다님.
＊기이다 어떤 일을 숨기고 바른 대로 말하지 아니하다.

　나에게는 이상한 감정이 솟아올랐다. 문수에게 대하여 노염과 질투를 느끼는 대신에——도리어 일종의 안심과 감사를 느끼는 것이었다. 괴롭던 책임이 모면된 것 같고, 무거운 짐을 벗어 놓은 듯이도 감정이 가벼워지고 엉켰던 마음이 풀리는 것이다. 이것은 교활하고 악한 심보일까. 그러나 나를 단 한 사람으로 생각하지 않는 옥분의 허랑한 태도에 해결의 열쇠는 있다. 그의 태도가 마지막 책임을 져야 될 터이니까.

　"왜 말이 없나? 거짓말로 알아듣나? 자네가 버드나무 숲에서 만났다면 나는 풀밭에서 만났네."

　여전히 잠자코만 있으면서 나는 속으로 한결같이 들의 성격과 마술과도 같은 자연의 매력이라는 것을 생각하였다.

　얼마나 이야기가 장황하였던지 밥 타는 냄새가 코를 찔렀다.

무더운 날이 계속된다.

이런 때 마을은 더한층 지내기 어렵고 역시 들이 한결 낫다. 낮은 낮으로 해 두고 밤을 ── 하룻밤을 온전히 들에서 보낸 적이 없다.

우리는 의논하고 하룻밤을 들에서 야영하기로 하였다.

들의 밤은 두려운 것일까. ── 이런 의문도 있었기 때문이다.

이왕 의가 통한 후이니 이후로는 옥분이도 데려다가 세 사람이 일단의 '들의 아들'이 되었으면 하는 문수의 의견이었으나 나는 그것을 일종의 악취미라고 배척하였다. 과거의 피차의 정의는 정의로 하여 두고 단체 생활에는 역시 두 사람이 적당하며, 수효가 셋이면 어떤 경우에든지 반드시 기울고 불안정하다는 의견을 가지고 있기 때문이다. 그러나 그것도 결국 나의 야성이 철저치 못한 까닭이 아닐까? 어떻든 두 사람은 들 복판에서 해를 넘기고 어둡기를 기다리고 밤을 맞이하였다.

불을 피우고 이야기하였다. 이야기가 장황하기 때문에 불이 마저 스러질 때에는 마을의 등불도 벌써 다 꺼지고 개 짖는 소리도 수습된 뒤였다. 별만이 깜박거리고 바닷소리가 은은할 뿐이다.

어둠은 깊고 넓고 무한하다.

창조 이전의 혼돈의 세계는 이러하였을까.

무한한 적막. ── 지구의 자전 공전의 소리도 들리지 않는 것이다.

공포 ── 두려움이란 어디서 오는 감정일까?

어둠에서도, 적막에서도 오지는 않는다. 우리는 일부러 두려운 이야기, 무서운 이야기로 마음을 떠 보았으나 이렇듯한 새삼스러운 공포의 감정이라는 것은 솟지 않았다.

위에는 하늘이요 아래는 풀이요 ── 주위에 어둠이 있을 뿐이지 모두가 결국 낮 동안의 계속이요 연장이다. 몸에 소름이 돋는 법도, 마음이 떨리는 법도 없다.

　서로 눈만 말똥거리다가 피곤하여 어느 결엔지 잠이 들어 버렸다.

　단잠을 깨었을 때에는 아침 해가 높은 후였다.

　야영의 밤은 시원하였을 뿐이요, 공포의 새는 결국 잡지 못하였다.

10

　그러나 공포는 왔다. 그것은 들에서 온 것이 아니요, 마을에서, 사람에게서 왔다. 공포를 만드는 것은 자연이 아니요, 사람의 사회인 듯싶다.

　문수가 돌연히 끌려간 것이다.

　학교 사건의 뒷맺이인 듯하다.

　이어 나도 들어가게 되었다.

　나 혼자에 대하여 혹은 문수와 관련되어 여러 가지 질문을 받았다.

　사흘 밤을 지우고 쉽게 나왔으나 문수는 소식이 없다. 오랠 것 같다.

　여러 가지 재미있는 여름의 계획도 세웠으나 혼자서는 하염없다.

　가졌던 동무를 잃었을 때의 고독이란 큰 것이다.

　들에서 무료히 지내는 날이 많다.

　심심파적으로 옥분을 데려올까도 생각되나 여러 가지로 거리끼고 주체스런 일이다. 깨끗한 것이 좋을 것 같다.

　별수없이 녀석이 하루라도 속히 나오기를 충심으로 바랄 뿐이다.

　나오거든 풋콩을 실컷 구워 먹고 기름종개를 많이 떠먹이고 씨름해서 몸을 불려 줄 작정이다.

　들에는 도라지꽃이 피고 개나리꽃이 장하다.

　진펄의 새발고사리도 어느덧 활짝 피었다.

　해오라기가 가끔 조촐한 자태로 물가에 내린다.

　시절이 무르녹았다.

장미 병들다

1

싸움이라는 것을 허다하게 보았으나 그렇게도 짧고 어처구니없고——
——그러면서도 싸움의 진리를 여실하게 드러낸 것은 드물었다. 받고 차
고 찢고 고함치고 욕하고 발악하다가 나중에 피차에 지쳐서 쓰러져 버
리는 그런 싸움이 아니라, 맞고 넘어지고 항복하고——그뿐이었다. 처
음도 뒤도 없이 깨끗하고 선명하여서 마치 긴 이야기의 앞뒤를 잘라 버
린 필름의 몇 토막과도 같이 신선한 인상을 주는 것이었다. 이 신선한
인상이 마침 영화관을 나와 그 길을 지나던 현보와 남죽 두 사람의 발
을 문득 머무르게 하였는지도 모른다. 그러나 두 사람이 사람들 속에
한몫 끼여 섰을 때에는 싸움은 벌써 끝물이었다.

영화관, 음식점, 카페, 매약점 등이 어수선하게 즐비하여 있는 뒷거
리 저녁때, 바로 주렴을 드리운 식당 문 앞이었다. 그 식당의 쿡으로 보
이는 흰 옷에 흰 주발모자를 얹은 두 사람의 싸움이었으나, 한 사람은
육중한 장골이요, 한 사람은 까무잡잡한 약질이어서, 하기는 그 체질에
벌써 승패가 달렸던지도 모른다.

대체 무엇이 싸움의 원인이며 원한의 근거였는지는 모르나 하루 아침에 문득 생긴 분김이 아니요, 오래 두고 엉겼던 불만의 화풀이임은 두 사람의 태도로써 족히 추측할 수 있었다. 말로 겨루다 못해 마지막 수단으로 주먹다짐에 맡기게 된 것임은 부락스런 두 사람의 주먹살에 나타났으니, 약질의 살기를 띤 암팡진 공격에 한 번 주춤하였던 장골은 갑절의 힘을 주먹에 다져쥐고 그의 면상을 오돌지게 욱박았다.

　소리를 치며 뒤로 쓰러지는 바람에 문 앞에 세웠던 나무분이 넘어지며 깨어지고 노가지나무가 솟아났다. 면상을 손으로 가리어쥐고 비슬비슬 일어서서 달려들려 할 때 장골의 두 번째 주먹에 다시 무르게도 넘어지고 말았다. 땅 위에 문질러져서 얼굴은 두어 군데 검붉게 피가 배고 두 줄기의 코피가 실오리 같은 가느다란 줄을 그으면서 흘렀다. 단번에 혼몽하게 지쳐서 쭉 늘어졌음에도 불구하고 약질은 간신히 몸을 세우고 다시 한 번 개신개신 일어서서 장골에게 몸을 던지다가 장골이 날쌔게 몸을 피하는 바람에 걸어 보지도 못한 채 또 나가 쓰러지고 말았다. 한참이나 죽은 듯이 고요한 속에서 코만 흑흑 울리더니 마른 땅에는 금시에 피가 흘러 넓게 퍼지기 시작하였다.

　"졌다!"

　짧게 한 마디──그러나 분한 듯이 외쳤으니 그것으로 싸움은 끝난 셈이었다.

　"항복이냐?"

　장골은 늠실도 하지 않고 마치 그 벅찬 힘과 마음에 티끌만큼의 영향도 받지 않은 듯이 유들유들하게 적수를 내려다보았다.

　"힘이 부쳐 그렇지 그리 쉽게 항복이야 하겠나."

　"뼈다구에 힘 좀 맺히거든 다시 덤비렴."

　"아무렴, 그 때까지 네 목숨 하나 살려 둔다."

　의젓하고 유유하게 대꾸하면서 약질이 피투성이의 얼굴을 넌짓 쳐들었을 때, 현보는 그 끔찍한 꼴에 소름이 끼쳐서 모르는 결에 남죽의 소매를 끌었다. 남죽도 현장에서 얼굴을 피하며 재촉을 기다릴 겨를 없이 급히 발을 돌렸다. 한참 동안 말이 없었다. 우연히 목도하게* 된 그 돌연한 장면에서 받은 감격이 너무도 컸다.

강하고 약하고, 이기고 지고──이 두 길뿐. 지극히 간단하다. 강약이 부동으로 억센 장골 앞에서는 약질은 욕을 보고 그 자리에 폭싹 쓰러져 버리는 그 일장의 싸움 속에서 우연히 시대를 들여다본 듯하여서 너무도 짙은 암시에 현보는 마음이 얼떨떨하였다. 흡사 그 약질같이 자기도 호되게 얻어맞고 피를 흘리며 쓰러져 있는 듯도 한 실감이 전신을 저리게 흘렀다.

"영화의 한 토막같이 아름답지 않아요? 슬프지 않아요?"

역시 그 장면에서 받은 감동을 말하는 남죽의 눈에는 눈물이 그리워 보였다. 아름답다는 것은 패한 편을 동정함일까? 아름다운 까닭에 슬프고, 슬프리만큼 아름다운 것, 눈물까지 흘리게 한 것은 별수없이 그나 누구나가 처하여 있는 현대의 의식에서 온 것임을 생각하면서 현보는 남죽을 뒤세우고 거릿목 찻집 문을 밀었다.

차를 청해 마실 때까지도 현보와 남죽은 그 싸움의 감동이 좀체 사라지지 않아서 피차에 별로 말도 없었다. 불쾌하다느니보다는 슬픈 인상이었다. 슬픔으로 인하여 아름다운 것이었음을 남죽과 같이 현보도 느끼게 되었다. 그렇게까지 신경을 민첩하게 일으켜 세우게 된 것은 방금 보고 나온 영화 때문이었는지도 모른다.

영화관에는 마침 '목격자'가 걸려 있어서 우연히 보게 된 그 아름다운 한 편이 장면 장면 남죽을 울렸다.

전체로 슬픈 이야기였으나 가련한 주인공의 운명과 애잔한 여주인공

---

* 목도(目睹)하다 목격하다. 직접 자기의 눈으로 보다.

의 자태가 한층 마음을 찔렀다. 억울한 혐의로 아버지를 여윈 어린 자식을 데리고 늙은 어머니가 어둡고 처량한 저녁에 무덤 쪽을 바라보는 장면과, 흐린 저녁때의 빈민가 다리 아래 장면과는 금시에 눈물을 솟게 하였다. 다리 아래 장면에서는 거지의 자동 풍금 소리에 집집에서 뛰어나온 가난한 빈민들이 그 설핀* 음악에 맞추어 춤을 추기 시작하였다. 요란한 소리를 듣고 순검이 달려와서 춤을 금하고 사람들을 헤칠 때, 억울한 혐의로 아버지를 재판한 늙은 검사는 양심의 가책을 조금이라도 덜려고 가난한 사람들을 위해 항의를 하나 용납되지 못하고 사람들은 하는 수 없이 비슬비슬 그 자리를 헤어진다. 그 웅성거리는 측은한 꼴들이 실감을 가지고 가슴을 죄었다. 어두운 속에서 남죽은 흐르는 눈물을 손수건으로 몇 번이고 훔쳐 냈다. 눈물로 부석부석한 얼굴을 가지고 거리에 나오자 당면하게 된 것이 싸움의 장면이었다. 여러 가지의 감동이 한데 합쳐서 새 눈물을 자아내게 한 것이다.

하기는 남죽들의 현재의 형편 그것이 벌써 눈물 이상의 것이기는 하다. 두 주일 이상을 겪고 갓 나온 것이 불과 며칠 전이었다. 남죽은 현재 초라한 꼴, 빈 주머니에 고향에 돌아갈 능력도 없고 그렇다고 다른 도리도 없이 진퇴유곡*의 처지에 있는 셈이었다. '목격자' 속의 주인공들보다 조금도 나을 것이 없었다. 현보와 막연히 하루를 지우려 영화 구경을 나선 것도 또렷한 지향 없는 닥치는 대로의 길, 그 자리의 뜻이었다. 온전히 그날 그날의 떠도는 부평초요, 키 잃은 배요, 목표 없는 생활이었다.

극단 '문화좌' 가 설립되자마자 와해된 것이 두 주일 전이었다. 지방 창립 지방 공연이라는 점에 중점을 두려고 일부러 서울을 떠나 지방의 도회로 내려와 기폭을 든 것이었으나 그것이 도리어 화 되어 엄격한 수

---

* 설피다 거칠고 서투르다.
* 진퇴유곡(進退維谷) 궁지에 몰려 오도 가도 못하다.

준에 걸린 것이었다. 인원을 짜고 각본을 선택하고 모든 준비를 마친 후 첫째 공연을 내려왔던 것이 그렇다 할 이유 없이 의외에도 거슬리는 바 되어 한꺼번에 몰아가 버렸다. 거듭 돌아보아야 그럴 만한 원인은 없었고, 다만 첩첩한 시대의 구름의 탓임이 짐작될 뿐이었다. 각본을 맡은 현보는 고향이 바로 그 곳인 탓으로인지 의외에도 속히 놓이게 되고 뒤를 이어 남죽 또한 수월하게 풀리게 되었으나, 나머지 인원들은 자본을 댄 민삼, 연출을 맡은 인수, 배우인 학준, 그 외 몇몇은 아직도 날이 먼 듯하였다. 먼저 나오기는 하였으나 현보와 남죽은 남은 동무들을 생각하고 또 한 가지 자신들의 신세를 돌아보고 우울하기 짝이 없었다. 하는 노릇 없이 허구한 날 거리를 헤매는 수밖에 없던 현보와, 역시 별 목표 없이 유행 가수를 지원해 보았다. 배우로 돌아서 보았다 하던 남죽에게 극단의 설립은 한 희망이요 자극이어서 별안간 보람 있는 길을 찾는 듯도 하여 마음이 뛰고 흥이 나던 것이 의외의 타격에 기를 꺾이고 나더니 도로 제자리에 주저앉은 셈이었다.

파랗게 우러러보이던 하늘이 조각조각 부서져 버리고 다시 어두운 구렁텅이로 밀려빠진 격이었다.

현보의 창작 각본 '헐어진 무대'와 오닐의 번역극인 '고래'의 한 막이 상연 예정이어서 남죽은 그 두 각본의 여주인공 역할이 자기의 비위에 맞는 것이어서 그지없이 사랑하였다. 예술적 흥분 외에 또 한 가지의 기쁨은, 그런 줄 모르고 내려왔던 길에 구면인 현보를 7년 만에 뜻밖에 다시 만나게 된 것이었다. 이 기우*는 현보에게도 물론 큰 놀람이자 기쁨이었다.

극단의 주무를 보게 된 민삼이 서울서 적어 내려보낸 인원의 열 명 속에 여배우 혜련의 이름을 발견하고 현보는 자기 작품의 주연을 맡은

---

* 기우(奇遇) 뜻밖의 인연으로 만나게 되는 일.

그 여배우가 대체 어떤 인물일꼬 하고 호기심이 일어났을 뿐 무심히 덮어 두었던 것이 막상 일행이 내려와 처음으로 상연하게 되었을 때 그가 바로 남죽임을 알고 어지간히 놀랐던 것이다.

혜련은 여배우로서의 예명이었다. 7년 전에 알고는 그 후 까딱 소식을 몰랐던 남죽을 그런 경우 그런 꼴로 우연히 만나게 될 줄이야 피차에 짐작도 못하였던 것이다.

지난날을 돌아보면서 그 날 밤 둘은 끝없는 이야기와 추억에 잠겼다. 서울서 학교에 다닐 때 우연히 세죽, 남죽 자매를 알게 된 것은 그들이 경영하여 가는 책점 대중원에 출입하게 된 때부터였다. 대중원은 세죽이 단독 경영하여 가는 것이었고, 남죽은 당시 여학교에서 공부하는 몸으로 형의 가게에 기식하고 있는 셈이었다. 세죽의 남편이 사건으로 들어가기 전에 뒷일을 예료하고 가족들의 호구지책으로 미리 벌인 것이 소규모의 책점 대중원이었다. 남편의 놓일 날을 몇 해고 간에 기다려 가면서 세죽은 적막한 홀몸으로 가게를 알뜰히 보면서 어린것과 동생 남죽의 시중을 지성껏 들어 왔다.

남죽은 어린 나이에도 철이 들어서 가게에 벌여 놓은 진보적 서적을 모조리 읽은 나머지, 마지막 학년 때에는 오돌지게도 학교에 일어난 사건을 지도하다가 실패한 끝에 쫓겨나고 말았다. 학업을 이루지 못한 채 고향에 내려갈 수도 없어 가게 일을 도울 뿐, 건둥건둥 날을 지우는 수밖에 없었다.

소설을 닥치는 대로 읽어 대고 아름다운 목청을 놓아 노래를 불러 대곤 하였다. 목소리를 닦아서 나중에 성악가가 되어 볼까도 생각하고, 얼굴의 윤곽이 어글어글한 것을 자랑삼아 영화 배우로 나갈까도 꿈꾸었다. 그 시기의 그를 꾸준히 관찰할 수 있는 기회를 가졌던 현보는 그 남다른 환경에서 자라가는 늠출한 처녀의 자태 속에서 물론 시대적 정열과 생장도 보았으나 더 많이 아름다운 감상과 애끓는 꿈을 엿보았던 것이다.

단발한 머리를 부수수 헤뜨리고 밋밋하고 건강한 육체로 고운 멜로디를 읊조릴 때에는 그의 몸 그대로가 구석구석에 아름다운 꿈을 함빡 머금은 흐뭇한 꽃이었다. 건강한, 그러나 상하기 쉬운 한 송이의 꽃이었다.

참으로 아담한 꽃을 보는 심사로 현보는 남죽을 보아 왔다. 그러나 현보가 학교를 마치고 서울을 떠날 때가 그들과의 접촉의 마지막이었으니 동경에 건너가 몇 해를 군 뒤 고향에 나와 일없이 지내게 된 전후 7년 동안 다만 책점 대중원이 없어졌다는 소문을 풍편에 들었을 뿐이지, 그 뒤 그들이 고향인 관북*으로 내려갔는지 어쨌는지, 남죽과 세죽의 소식은 생각해 보지도 못했고 미처 생각에 떠오르지도 않았다.

그만한 여유조차 없는 것은 다른 사람의 생각은커녕 자신의 생활이 눈앞에 가로막히게 되었고, 무엇보다도 현대인으로서의 자기 개인에 대한 생각이 줄을 찾기 어렵게 갈피갈피로 찢어졌다 갈라졌다 하여 뒤섞이는 까닭이었다. 7년 후에 우연히 만나고 보니 시대의 파도에 농락되어 꿈은 조각조각 사라지고 피차에 그 꼴이었다. 하기는 그나마 무대 배우로 나타난 남죽의 자태에 옛 꿈의 한 조각이 아직도 간당간당 달려 있는 셈인지도 모르나, 아담하던 꽃은 벌써 좀먹기 시작한, 그 어디인지 휘줄그러진 한 송이임을 현보는 뚜렷이 느꼈다.

시간을 보고 찻집을 나와 현보는 남죽을 데리고 큰거리 백화점으로 향하였다. 준구와 만나자는 약속이었다. 가난한 교원을 졸라 댐은 마치 벼룩의 피를 긁어 내려는 격이었으나, 그러나 현보로서는 가상 가까운 동무이므로 준구에게 터놓고 남죽의 여비의 주선을 비추어 둔 것이었다.

---

* 관북(關北) 함경 북도 지방을 두루 일컫는 말.

남죽에게는 지금 '살까 죽을까가 문제' 가 아니라 '목격자' 속의 빈민들에게 거리의 음악이 필요하듯이 고향으로 내려갈 여비가 필요하였다. 꿈의 마지막 조각까지 부서져 버린 이제 별수없이 고향으로 내려가 몸도 쉬고 마음도 가다듬는 수밖에는 없었다. 고향은 넓은 수성 평야의 한가운데여서 거기에는 형 세죽이 밭을 가꾸고 염소를 기르고 있다는 것이었다.

남편이 한 번 놓였다 재차 들어가게 된 후 세죽은 이번에는 고향에다 편편하게 자리를 잡고 책점 대신에 평야의 한복판에서 염소를 기르게 되었다는 것이다. 도회에 지친 남죽에게는 지금 무엇보다도 염소의 젖이 그리웠다. 염소의 젖을 벌떡벌떡 마시고 기운차게 소생됨이 한 가지의 원이었다.

몇십 원의 노자쯤을 동무에게까지 빌리기가 현보로서는 보람 없는 노릇이었으나 늘 메말라서 누런 '현대의 악마' 와는 인연이 먼 그로서는 하는 수 없는 것이었다. 찻집이라도 경영해 볼까 하다가 아버지에게 호통을 들은 후부터는 돈을 타 쓰기도 불쾌하여서 주머니에는 차 한 잔 값조차 떨어질 때가 있었다. 누구나 다 말하기를 꺼리고 적어도 초연한 듯이 보이려고 하는 '돈' 의 명제가 요사이 와서는 말하기 부끄러우리만치 자나깨나 현보의 머리를 차지하게 되었다. 그 '악마' 에 대한 절실한 인식은 일종의 용기를 낳아서, 부끄러울 것 없이 준구에게 여비 일건을 부탁하고 남죽에게는 고향 언니에게도 간청의 편지를 내도록 천연스럽게 일렀던 것이다.

그러나 막상 휘줄그레한 보라 양복에 땀에 젖은 모자를 쓴 가련한 그를 대하였을 때 현보는 준구에게 그것을 부탁하였던 것을 일순 뉘우쳤다. 휘답답한 그의 꼴이 자기의 꼴과 매일반임을 보았던 까닭이다.

그래도 의젓한 걸음으로 층계를 걸어 올라 식당에 들어가 두 사람에게 자리를 권하고 음식을 분부하고 난 후 준구는 손수건을 내서 꺼릴 것 없이 얼굴과 가슴의 땀을 한바탕 훔쳐 냈다.

"양해하게. 집에는 아이들이 들끓구 아내는 만삭이 되어서 배가 태산 같은데두 산파두 못 댔네. 다달이 빚쟁이들은 한 두름씩 문간에 와서 왕머구리같이 와글와글 짖어 대구…… 어쩌다가 이렇게 됐는지 이제는 벌써 자살의 길밖에는 눈앞에 보이는 것이 없네……. 별수 있던 가. 또 교장에게 구구히 사정을 하구 한 장을 간신히 돌려 왔네. 약소해서 미안하나 보태 쓰도록이나 하게."

봉투에 넣고 말고 풀없이 꾸겨진 지전 한 장을 주머니에서 불쑥 집어 내어 현보의 손에 쥐어 주는 것이다. 현보는 불현듯이 가슴이 찌르르 하고 눈시울이 뜨거웠다. 손 안에 남은 부풀어진 지전과 땀 밴 동무의 손의 체온에 찐득한 우정이 친친 얽혀서 불시에 가슴을 죄인 것이다.

남죽은 새삼스럽게 고맙다는 뜻을 표하기도 겸연쩍어서 똑바로 그를 바라보지도 못하고 시선을 식탁 위에 떨어뜨린 채 손가락으로 머리카락을 오리오리 매만질 뿐이었다. 낯이 익지도 못한 여자의 앞에서까지 가릴 것 없이 집안 사정 이야기를 터놓고 하지 않으면 안 되는 가난한 시민의 자태가 딱하고 측은하고 용감하여서 ── 그 순간 그 자리에서 살며시 꺼지고도 싶은 무거운 좌중의 기분이었다.

거리에 나와 준구와 작별한 뒤까지도 현보들은 심사가 몹시 울가망하였다*. 현보는 집에 돌아가기가 울적하고 남죽 또한 답답한 숙소에 일찍 들어가기가 싫어서 대중없이 밤거리를 거닐기 시작하였다. 동무가 일껏 구해 준 땀내 나는 돈을 도로 돌릴 수도 없어 그대로 지니기는 하였으나 갖출 것도 있고 하여 여비로는 적어도 그 다섯 곱절이 소용이 었다. 현보는 다른 방법을 생각하기로 하고 그 한 장 돈의 운명을 온전

---

* 울가망하다 근심스럽거나 답답하여 기분이 펴이지 않다.

히 그 날 밤의 발길의 지향에 맡기기로 하였다.

레코드나 걸고 폭스 트롯이나 마음껏 추어 보았으면 하는 것이 남죽의 청이었으나 거리에는 춤을 출 만한 곳이 없고 현보 자신 춤을 모르는 까닭에 뒷골목을 거닐다가 결국 조촐한 바에 들어갔다. 솔내 나는 진을 남죽은 사양하지 않고 몇 잔이고 거듭 마셨다. 어느 결에 주량조차 그렇게 늘었나 하고 현보는 놀라고 탄복하였다. 제법 술자리를 잡고 얼굴을 붉게 물들이고 뭇 사내의 시선 속에서 어울려 나가는 솜씨는 상당한 것으로 보였다. 술이 어지간히 돌았는지 체면 불구하고 레코드에 맞추어 몸을 으슥거리더니 나중에 자리를 일어서서 춤의 자세를 하고 발끝으로 달가락 춤을 추는 것이었다.

현보 역시 취흥에 못 이겨 굳이 그를 말리지 않고 현혹한 눈으로 도리어 그의 신기한 재주를 바라볼 뿐이었다. 술은 요술쟁이인지 혹은 춤추는 세상의 도덕은 원래 허랑한 것인지 이해하기 어려운 것은, 맞은편 자리에 앉았던, 아까 남죽의 귀에다 귓속말로 거리의 부랑자 백만장자의 아들이라고 가르쳐 주었던 그 사나이가 성큼 일어서서 남죽에게 춤을 청하는 것이었고, 더 이상한 것은 남죽이 즉시 응하여 팔을 겨르고 스텝을 밟기 시작한 것이다. 그것이 춤의 도덕인가 보다고만 하고 현보는 웃는 낯으로 한참이나 바라보고 있었으나, 손님들의 비난의 소리 속에서 별안간 여급이 달려와서 춤은 금물이라고 질색하고 두 사람을 가르는 바람에 현보는 문득 정신이 들면서 이 난잡한 꼴에 새삼스럽게 눈썹이 찌푸려졌다

남죽의 취중의 행동도 지나쳐 허랑한 것이었으나 별안간 나타난 부랑자의 유들유들한 심보가 불현듯이 괘씸하게 느껴져서 주위에 대한 체면과 불쾌한 생각에 책임상 비틀거리는 남죽의 팔을 끌고 즉시로 그 자리를 나와 버렸다. 쓸데없이 허튼 곳에 그를 데려온 것이 뉘우쳐도져서 분이 좀체 가라앉지 않았다.

"아무리 부랑자기로 생면부지에 소락소락…… 안 된 녀석."

"노여워하실 것 없는 것이, 춤추는 사람끼리는 춤을 청하는 것이 모욕이 아니라 도리어 존경의 뜻인걸요. 제법 춤의 격식이 익숙하던데요."

남죽의 항의에는 한 마디도 대꾸할 바를 몰랐으나 그러면 그 괘씸한 심사는 질투에서 나온 것이었던가? 그렇다면 남죽을 얼마나 사랑하고 있는 셈인가 하고 현보는 자신의 마음을 가지가지로 의심하여 보았다.

"……참기 싫어요, 견딜 수 없어요. —— 죄수같이 이 벽 속에만 갇혀 있기가. 어서 데려다 주세요 떼에빗. 이 곳을 나갈 수 없으면 —— 이 무서운 배에서 나갈 수 없으면 금방 미칠 것만 같아요. 집에 데려다 주세요, 떼에빗. 벌써 아무것두 생각할 수 없어요. 추위와 침묵이 머리를 가위같이 누르는걸요. 무서워, 얼른 집에 데려다 주세요."

남죽은 남죽으로서 딴 소리를 —— 듣고 보니 오닐*의 '고래'의 구절 구절을 아직도 취흥에 겨운 목소리로 대로상에서 마치 무대에서와 똑같은 감동으로 외치는 것이었다. 북극 해상에서 애니가 남편인 선장에게 애원하고 호소하는 그 소리는 그대로가 바로 남죽 자신의 절실한 하소연이기도 하였다.

"……이런 생활은 나를 죽여요. 이 추위, 무서움. 공기가 나를 협박해요. —— 이 적막, 가는 날 오는 날 허구한 날 똑같은 회색 하늘, 참을 수 없어요. 미치겠어요. 미치는 것이 손에 잡힐 듯이 알려져요. 나를 사랑하거든 제발 집에 데려다 주세요. 원이에요. 데려다 주세요……."

이튿날은 또 하루 목표 없이 지난날의 연속이었다.

간밤의 무더운 기억도 있고 남죽에게 대한 말끔하게 청산하지 못한

---

* 오닐(O' Neill, Eugene Gladstone) 미국의 극작가. 〈수평선 너머로〉, 〈안나 크리스티〉 등의 작품이 있음.(1888~1953)

뒤를 끄는 감정도 남아 있고 하여 현보는 오후도 훨씬 늦어서 남죽을 찾았다. 아직도 눈알이 붉고 정신이 개운하지 못한 남죽의 청을 들어 소풍 겸 강으로 나갔다.

서선 지방의 그 도회는 산도 아름다우려니와 물의 고을이어서 여름 한철이면 강 위에는 배가 흔하게 떴다.

나룻배, 고깃배, 석탄배 외에 지붕을 덩그렇게 한 놀잇배와 보트가 강 위를 촘촘하게 덮었다. 놀잇배에서는 노래가 흐르고 춤이 보여서 무르녹은 나무 그림자를 띄운 고요한 강 위는 즐거운 유원지로 변한다. 산 너머의 저편은 바로 도회에서 생활과 싸움으로 들볶닥거리건만 산 건너 이 편은 그와는 별세상인 양 웃음과 노래와 흥이 지천으로 물 위를 흘렀다.

현보와 남죽도 보트를 세 내서 타고 그 속에 한 몫 섞이니 시원한 물 세상 사람이 된 듯도 싶었다. 백양나무가 늘어선 위로 흰 구름이 뭉실뭉실 떠서 강 위에서는 능라도 일대의 풍경이 아름다웠다. 현보는 손수 노를 저으면서 물결을 거슬러 올라가 섬께로 향하였다. 속을 헤아릴 수 없는 푸른 물결이 뱃전을 찰싹찰싹 쳤다.

"언니에게서 편지가 왔는데——요새는 염소젖두 적구 그렇게 노자를 구할 수 없다나요."

남죽은 소매 속에서 집어 낸 편지를 봉투째 서너 조각으로 쭉쭉 찢더니 물 위에 살며시 띄웠다. 별로 언니를 원망하는 표정도 아니요, 다만 침착한 한 마디의 보고였다.

"……며칠 동안 카페에 들어가 여급 노릇이나 해서 돈을 벌어 볼까요?"

이 역시 원망의 소리가 아니고 침착한 농담으로 들리기는 하였으나 그 어디인지 자포자기의 기색이 보이지 않는 것도 아니었다.

"차차 무슨 방법이든지 있을 텐데 무얼 그리 조급하게 군단 말요."

현보는 당치않은 생각은 당초에 말살시켜 버리려는 듯이 어세*가 급하게 퉁명스러웠다. 그러나 고향을 그리는 남죽의 원은 한결같이 절실하였다.

"얼음 속에 갇혀 있으면 추억조차 흐려지나 봐요. 벌써 머언 옛날 같아요…… . 지금은 유월 라일락이 뜰 앞에 한참이고 담 뒤 장미는 벌써 봉오리가 앉았을걸요."

이것은 남죽이 늘 즐겨서 외이는 '고래' 속의 한 구절이었으나 남죽의 대사는 이것으로서 그치는 것이 아니었다. 물 위에 둥둥 떠서 멀리 사라지는 찢어진 편지 조각을 바라보며 남죽의 고향을 그리는 정은 줄기줄기 면면하였다.

"솔골서 시작해서 바다 있는 쪽으로 평야를 궤뚫은 흰 방축이 바로 마을 앞을 높게 내닫고 있어요. 방축이라니 그렇게 긴 방축이 어디 있겠어요. 포플러나무가 모여서고 국제 열차가 갈리는 정거장 근처를 지나 바다까지 근 십 리 장간을 일직선으로 뻗쳤는데 인도교와 철교 사이를 거닐기에두 이십 분이나 걸려요. 물 한 방울 없는 모래 개천을 끼고 내달은 넓은 둑은 희고 곧고 깨끗해서 마치 푸른 풀밭에 백묵으로 무한대의 일직선을 그은 것두 같구 둑 양편으론 잔디가 쪽깔린 속에 쑥이 나고 패랭이꽃이 피어서 저녁해가 짜릉짜릉 쪼이면 메뚜기와 찌르레기가 처량하게 울지요. 풀밭에는 소가 누운 위로 이름모를 새가 풀 위를 스치면서 얕게 날고 마을로 향한 쪽에는 조, 수수, 옥수수밭이 연하여서 일하는 처녀아이가 두어 사람씩은 보이죠. 여름 한철이면 조카아이와 같이 염소를 끌고 그 위를 거닐면서 세월 없이 풀을 먹여요. 항구를 떠난 국제 열차가 산모퉁이를 돌아 기적 소리가 길게 벌판을 울려올 때 풀 먹던 염소는 문득 뿔을 세우고 수

---

* 어세(語勢) 말의 억양과 높낮이.

염을 드리우고 에헤헤헤헤헤 하고 새침하게 한바탕 울어 대곤 해요. 마을 앞의 그 둑을! 고향의 그 벌판을! 나는 얼마나 사랑하는지 몰라요. 그리운지 모르겠어요."

남죽의 장황한 고향의 묘사는 무대 위에서와는 또 다르게 고요한 강물 위를 자유롭게 흘러내렸다. 놀잇배에서 흘러나오는 레코드의 음악이 속된 유행가가 아니고 만약 교향악의 반주였던들 남죽의 대사는 마디마디 아름다운 전원 교향악으로 들렸을 것이다.

그의 '전원 교향악'에 취하였던 것은 아니나 그의 고향에 대한 —— 적어도 현재 이외의 생활에 대한 그리운 정이 얼마나 간절한가를 느끼며 현보는 속히 여비를 구해야 할 것을 절실히 생각하면서 능라도와 반월도 사이의 여울로 배를 저어 올렸다. 얕아는졌으나 센 물살을 거슬러 저으면서 섬에 오를 만한 알맞은 물 기슭을 찾았다.

"첫가을이면 송이의 시절 —— 좀 있으면 솔골로 풋송이 따러 가는 마을 사람들이 둑 위를 희끗희끗 올라가기 시작하겠어요. 봉곳이 흙을 떠받들고 올라오는 송이를 찾아 낼 때의 기쁨! 바구니에 듬직하게 따가지고 식구들과 함께 둑길을 걸어 내려올 때면 송이의 향기가 전신에 흠뻑 배지요. 풋송이의 향기! '고래' 속의 라일락의 향기 이상으로 제겐 그리운 것이에요."

듣는 동안에 보지 못한 곳이언만 현보에게도 그의 말하는 고향이 한없이 그리운 것으로 생각되었다. 모래바닥이 보이는 강가로 배를 몰아 넣고 섬 기슭을 잡으려 할 때 배가 몹시 요동하는 바람에 꿈에 잠겼던 남죽은 금시에 정신이 깬 모양이었다. 백양나무가 늘어선 사이로 새풀이 우거져서 섬 속은 단걸음에 뛰어들어가고도 싶게 온통 푸르게 엿보였다. 발을 벗고 물 속을 걷기도 귀찮아서 남죽은 뱃전에 올라서서 한걸음 기슭까지 뛰어 건너가려 하였다. 뒤뚝거리는 배를 현보가 뒤에서 붙들기는 하였으나 원체 물의 거리가 먼 데다가 남죽은 못 미치는 다리

에 풀뿌리를 밟은 까닭에 껑청 발을 건네자 배가 급각도로 기울어지며 현보가 위태하다고 느꼈을 순간 풀뿌리에서 미끄러지며 볼 동안에 전신을 물 속에 채워 버렸다. 현보가 즉시 신발째로 뛰어들어 그의 몸을 붙들어 일으키기는 하였으나 전신은 물에 빠진 쥐였다. 팔에 걸린 몸이 빨랫짐같이도 차고 무거웠다.

하루의 작정이 흐려지고 섬의 향락이 틀어졌다. 소풍이 지나쳐 목욕이 된 셈이나 물에 빠진 꼴로는 사람들 숲에 섞일 수도 없어 두 사람은 외따로 떨어져서 섬 속의 양지를 찾았다. 사람들이 엿보지 못하는 호젓한 외딴 곳에서 젖은 옷을 대충 말리는 수밖에는 없었다. 현보는 신과 바지를 벗어서 널고 남죽은 속옷만을 남기고 치마저고리를 벗어서 양지쪽 풀밭에 펴 놓았다.

차라리 해수욕복이나 입었던들 피차에 과히 야릇한 꼴들은 아니었을 것이나 옷을 반씩들 벗은 이지러진 자태 —— 마치 꼬리와 죽지를 뽑히고 물벼락을 맞은 자웅의 닭과도 같은 허수한 꼴들은 한층 우스운 것이었다.

더구나 팔다리와 어깨를 온전히 드러내고 젖어서 몸에 붙은 속옷 바람으로 풀밭에 선 남죽의 꼴은 더욱 보기 딱한 것이어서 그 자신은 그다지 시스러워 여기지 않음에도 현보는 똑바로 보기 어려워 자주 외면하지 않을 수 없었다.

별수없이 그 꼴 그대로 틀어진 반날을 옷 말리기에 허비하고 해가 진 후 채 마르지도 못한 축축한 옷을 떨쳐 입고 다시 배를 젓고 내려올 때 두 사람은 불시에 마주보고 껄껄껄 웃어 댔다. 하루의 이지러진 희극을 즐겁게 끝막으려는 듯 웃음소리는 고요한 저녁 강 위에 낭랑하게 퍼졌다.

그 꼴로 혼자 돌려보내기가 가여워서 현보는 그 길로 남죽의 숙소에 들른 채 처음으로 밤이 이슥할 때까지 같이 지내게 되었다. 뜻속의 것이었든지 혹은 뜻밖의 것이었든지 그 날 밤 현보는 또한 남죽과 모든 열정을 주고받았다. 그것은 반드시 한쪽만의 치우친 감정의 발작이 아니라 피차의 똑같은 감정의, 말하자면 공동 합작이었으며 그 감정 또한 우연한 돌발적인 것이 아니요 참으로 7년 전부터 내려오는 묵고 익은 감정의 합류였다. 늦은 밤거리에 나왔을 때 현보는 찬란한 세상을 겪은 뒤의 커다란 피곤을 일시에 느꼈다.

일이 일인만큼 큰 경험 후에 오는 하루를 현보는 집에 묻힌 채 가지가지 생각에 잠겼다. 묵은 감정의 합류라고는 하더라도 하필 그 시간에 폭발된 것은 이 때까지 피차의 감정을 감추고 시험해 왔던 까닭일까, 그런 감정에는 반드시 기회라는 것이 필요한 탓일까 생각하였다. 결국 장구한 시기를 두었다가 알맞은 때를 가늠 보아 피차에 훔쳐 낸 감정에 지나지 않았다. 사랑이라기에는 너무도 어처구니없는 것인지는 모르나 그러나 사랑이 아니라고 할 수도 없는 것이, 비록 미래의 계획이 없는 한 막의 애욕극이었다고는 하더라도 거기에 이르기까지는 오랜 시간의 양해가 있었던 것이라고 생각하였다. 남죽의 마음 또한 그러려니는 생각하면서도 현보는 한편 남자 된 욕심으로 남죽의 허랑한 감정을 의심도 하여 보았다. 대체 지난 7년 동안의 그에게는 완전히 괄호 안의 비밀인 남죽의 생활이 어떤 내용의 것이었을까 하는 것이었다. 그에게 있어서 간간이 생리의 정리가 필요하듯이 남죽에게도 그것이 필요하지 않았을까? 혹은 한 번쯤은 결혼까지 하였다가 실패하였는지도 모르며 —— 더 가깝게, 가령 그와 다시 만나기 전에 친히 지냈던 민삼과는 깊은 관계가 없었을까 하는 생각이 갈피갈피 들었으나, 돌이켜보면 그렇게 그의 결백하기를 원하는 것은 순전히 자기 자신의 지나친 욕심이며, 그것을 희망할 자격은 자기에게는 없다는 것을 느끼게 되었다. 괄호 안의 비밀, 그의 눈에 비치지 않은 부분의 생활은 그의 관계할 바 아니며, 다만 그로서는 그에게 보여 준 애정만을 달게 여기면 족한 것이라고 결론하면서 그의 애정을 너그럽게 해석하려고 하였다.

값으로 산 애정은 아니었으나 남죽의 처지가 협착한만큼, 현보는 애정에 대한 일종의 책임을 느껴서 그의 여비 일건을 더욱 절실히 생각하게 되었다. 그를 오래도록 붙들어 둘 수 없는 이상, 원대로 하루라도 속히 고향에 돌려보냄이 애정의 의무일 것같이 생각되었다.

여비를 갖춘 후에 떳떳이 만날 생각으로 그 밤 이후 며칠 동안 남죽을 찾지 않았다. 여비를 갖춘대야 생판 날탕인 현보에게 버젓한 도리가 있을 리가 없었다. 이미 친한 동무 준구에게 한 번 청은 걸어 여의치 못한 이상 다시 말해 볼 만한 동무는 없었으며 그렇다고 그의 일신에 돈으로 바꿀 만한 귀중한 물건을 지닌 것도 아니었다. 옳은 길이라고는 생각지 않았으나 별수없이 남은 한 길을 취할 수밖에는 없었다. 진종일 노리다가 사랑 문갑에서 예금 통장을 집어 내기에 성공하였던 것이다.

은행과 조합의 통장이 허다한 속에서 우편 예금 통장을 손쉽게 집어 내서 도장까지 위조하여 소용의 금액을 감쪽같이 찾아 내기는 하였으나 빽빽한 주의 아래에서 그것에 성공하기에는 온 이틀을 허비하였다. 가정에 대한 그 불측한 반역이 마음을 괴롭히지 않는 바도 아니었으나, 그만한 희생쯤은 이루어진 애정에 대한 정성과 봉사의 생각으로 바쳐 버리려고 생각하였던 것이다.

그 밤 이후 처음으로 만나는데 소용될 금액을 넌지시 내놓음이 받은 애정의 대상을 갚는 것도 같아서 겸연쩍기는 하였으나 그러나 한편 돈을 가진 마음은 즐겁고 넉넉하였다. 마음도 가뿐하고 걸음도 시원스럽게 현보는 오후나 되어서 남죽의 여관을 찾았다.

여관 안은 전체로 감감하고 방에는 남죽의 자태가 보이지 않았다. 원체 아무 세간도 없는 방인 까닭에 텅 빈 방 안을 현보는 자세히 살펴볼 것도 없이 문을 닫고 아마도 놀러 나갔으려니 하고 거리로 나왔다. 찻집과 백화점을 한 바퀴 돌고는 밤에 다시 찾기로 하고 우선 집으로 돌아왔을 때 뜻밖에 남죽의 엽서가 책상 위에 있었다.

연필로 적은 사연이 간단하게 읽혔다. —— 왜 며칠 동안 까딱 오시지 않았어요? 노여운 일 계세요? 여러 날 폐만 끼친 채 여비가 되었기에 즉시로 떠납니다. 아마도 앞으로는 만나 뵙기 조련치 않을 것 같아요. 내내 안녕히 계세요. 남죽 올림 ——

돌연한 보고에 현보는 기를 뽑히고 즉시로 되걸음을 쳐서 여관으로 향하였다.

여러 날 안 왔다고 칭원*을 하면서 무슨 까닭에 그렇게도 무심하고 급작스럽게 떠나 버렸을까? 여비라니 다따가* 오십 원의 여비를 대체 어떻게 해서 구하였을가? 짜장 며칠 동안 카페 여급 노릇이라도 한 것

---

* 칭원(稱寃) 원통함을 들어서 말함.
* 다따가 갑자기.

일까? 여러 가지로 생각하면서 여관에 이르러 다시 방문을 열어 보았을 때 아까와 마찬가지로 텅 빈 것이었으나, 그런 줄 알고 보니 사실 구석에 가방조차 없었다. 경솔한 부주의를 내책하면서 그제서야 곡절을 물어 보러 안문을 들어서서 주인을 찾았다.

궂은 일을 하던 노파는 치맛자락으로 손을 훔치면서 한 마디 물어 대고 싶은 듯도 한 눈치로 뜰 안에 나서며 간밤에 부랴부랴 거둬 가지고 떠났다는 소식을 첫 마디에 이르고는 뒤슬뒤슬 속있는 웃음을 띠었다.

"그게 대체 여배우요, 여학생이요? 신식 여자들은 겉만 보군 알 수가 없으니."

무슨 소리를 하려는 수작인고 하고 그다지 반갑지는 않았으나 현보는 잠자코 있을 수만 없어서,

"여학생으로두 보입디까?"

도리어 한 마디 반문하였다.

"그럼 여배우군. 어쩐지 행동 거지가 보통이 아니야. 아무리 시체 여학생이기루 학생의 처신머리가 그럴까 했더니 그게 여배우구려."

"행동이 어쨌단 말요?"

"하긴 여배우는 거반 그렇답디다만."

말이 시끄러워질 눈치여서 현보는 귀찮은 생각에 말머리를 돌렸다.

"식비는 다 치렀나요?"

그러나 그 한 마디가 도리어 풀섶의 뱀을 쑤신 셈이었다. 노파의 말주머니는 막았던 봇살같이 한꺼번에 터져 나오기 시작하였다.

"식비 여부가 있겠수. 푸른 지전이 지갑 속에 불룩하던데. 수단두 능란은 하련만 백만 장자의 자식을 척척 끌어들이는 걸 보문 여간내기가 아닌 한다 하는 난꾼입디다. 그런 줄 알고 그랬는지 어쨌는지 아마두 첫눈에 후려댄 눈친데 하룻밤 정을 줘두 부자 자식이 좋기는 좋거든. 맨숭한 날탕이던 것이 하룻밤 새에 지전이 불룩하게 쓸어든단

말요. 격이 되기는 됐어. 하룻밤을 지냈을 뿐 이튿날루 살랑 떠난단 말요."

청천의 벼락이었다. 놀랍고 어처구니가 없어서 노파의 입을 쥐어박고도 싶었으나 실성한 노파가 아닌 이상 거짓말도 아닐 것이어서 현보는 다만 벌렸던 입을 다물 수 없었다.

"백만 장자의 자식이라니 누구란 말요?"

아마도 말소리가 모르는 결에 떨렸던 성싶었다.

"모르시오? 김 장로의 아들 말이외다. 부랑자루 유명한······."

현보는 아찔해지며 골이 핑 돌았다. 더 물을 것도 없고 흉측한 노파의 꼴조차가 불현듯이 보기 싫어져서 뒤도 돌아보지 않고 허둥허둥 여관을 나와 버렸다.

"그것이 여비의 출처였던가."

모르는 결에 입술이 찡그려지며 제 스스로를 비웃는 웃음이 흘러나왔다. 김 장로의 아들이라면 며칠 전 바에서 돌연히 남죽에게 춤을 청한 놈팡이인데 어느 결에 그렇게 쉽게 교섭이 되었던가. 설사 여비를 구하기 위한 수단이라고 하더라도 어둠의 여자와 다를 바가 무엇인가 생각할 때 무서운 생각에 전신에 소름이 쭉 돋으며 허전허전 꼬이는 다리에 그 자리에 쓰러져 울고도 싶었다.

남죽은 그렇게까지 변하였던가? 과거 7년 동안의 괄호 속의 비밀까지가 한꺼번에 보이는 듯하여 현보는 속았다는 생각만이 한결같이 들어 온전히 제 정신 없이 거리를 더듬었다.

우울하고 불쾌하고 —— 미칠 듯도 한 며칠이었다. 7년 전부터 남죽을 알아 온 것을 뉘우치고 극단이고 무엇이고를 조직하려고 한 것조차 원되었다. 속은 것은 비단 마음뿐이 아니고 육체까지임을 알았을 때 현보는 참으로 미칠 듯도 한 심정이었던 것이다. 육체의 일부에 돌연히 변조가 생기기 시작한 것은 다음 날부터였으나 첫 경험인 현보는 다따가의 변화에 하늘이 뒤집힌 듯이나 놀랐고, 첫째 그 생리적 고통은 견딜 수 없이 큰 것이었다. 몸에는 추잡한 병증이 생기며, 용변할 때의 괴로움이란 살을 찢는 듯도 하여 이루 헤아릴 수 없었다. 세상에서 흔히 말하는 병이 바로 이것인가 보다고 즉시 깨우치기는 하였으나, 부끄러운 마음에 대뜸은 병원에도 못 가고 우선 매약점에를 들렀다가 하는 수 없이 그 길로 의사를 찾았다.

진찰의 결과는 예측과 영락없이 들어맞아서 별수없이 의사의 앞에서 눈을 감고 부끄러운 치료를 받기 시작하면서 찡그린 마음 속에는 한결같이 남죽의 자태가 떠올랐다.

마음과 몸을 한꺼번에 속인 셈이나 남죽은 대체 그런 줄을 알았던가 몰랐던가. 처음에는 감격하고 고맙게 여겼던 애정이었으나 그렇게 된 결과를 보면 일종의 애욕의 사기로밖에는 생각되지 않았다. 7, 8년 전 건강하고 아름다운 꿈으로 시작되었던 남죽의 생애가 그렇게 쉽게 병들고 상할 줄은 짐작도 할 수 없었던 것이다.

굳건한 꿈의 주인공이 7년 후 한다 하는 밤의 선수로 밀려 떨어질 줄을 생각할 수 없었던 것이다. 아담하던 꽃은 좀이 먹었을 뿐 아니라 함빡 병들어 상하기 시작하지 않았던가.

책점 대중원 뒷방에서 겨울이면 화롯전을 끼고 앉아서 독서에 열중하다가, 이론 투쟁을 한다고 아무나 붙들고 채 새기지도 못한 이론으로 함부로 후려대다가는, 이튿날로 학교의 사건을 지도한다고 조금 출출한 동무들이면 모조리 방에 끌어다가는 이론과 토의가 자자하던 7년 전의 남죽의 옛일을 생각할 때, 현보는 금할 수 없는 감회에 잠기며 잠시는 자기 몸의 괴로움도 잊어버리고, 오늘의 남죽을 원망하느니보다는 장래를 측은히 여기는 마음이 끝없이 솟았다.

어린 꿈의 자라 가는 길은 여러 갈래일 것이나, 그 허다한 실례 속에서 현보는 공교롭게도 남죽에게서 가장 측은하고 빗나간 한 장의 표본을 본 듯도 하여서 우울하기 짝이 없었다.

부정한 수단을 써 가면서까지 여비로 만든 오십 원 돈이 뜻밖에도 망측한 치료비로 쓰이게 된 것을 생각하고 그 돈의 기구한 운명을 저주하면서 답답한 마음에 현보는 그 날 밤 초저녁부터 바에 들어가 잠겼다. 거기에서 또한 우연히도 문제의 거리의 부랑자인 김 장로의 아들을 한 자리에서 마주치게 된 것은 얼마나 뼈저린 비꼬움이었던가. 반지르르하면서도 유들유들한 그 꼬락서니가 언제 보아도 불쾌하고 노여운 것이었으나, 그러나 남죽 자신의 뜻으로 된 일이었다면

그도 하는 수 없는 노릇이며, 무엇보다도 그 당장에서 그 녀석을 한 대 먹여서 고꾸라뜨릴 만한 용기와 힘 없음이 현보에게는 슬펐다. 녀석도 또한 그 자리로 현보임을 알아차리고, 가소로운 것은 제 술잔을 가지고 일부러 현보의 탁자에 와 마주앉으며 알지 못할 웃음을 띠는 것이다.

"이왕 마주 앉았으니 술이나 같이 듭시다."

어느 결엔지 여급에게 분부하여 현보의 잔에도 술을 따르게 하였다. 희고 맑은 그 양주가 향기로 보아 솔내 나는 진인 것이 바로 그 밤과 같은 것이어서 이 또한 우연한 비꼬움으로밖에는 생각되지 않았다.

"……이렇게 된 바에 무엇을 속이겠소. 터놓고 말이지 사실 내겐 비싼 흥정이었었소. 자랑이 아니라 나도 그 길에 상당히 밝기는 하나 설마 그런 흠이 있을 줄야 뉘 알았겠소. 온전히 홀린 셈이지. 그까짓 지갑쯤 털린 거야 아까울 것 없지만 몸이 괴로워 못 견디겠단 말요. 허구한 날 병원에만 댕기기두 창피하구, 맥주가 직효라기에 날마다 와서 켰으나 이 몸이 언제나 개운해질는지……."

술잔을 내놓고는 얼굴을 찡그리고 쓴웃음을 띠는 것을 보고는 녀석을 해낼 수도 없고 맞장구를 칠 수도 없어서 현보는 얼떨떨할 뿐이었다.

"······당신두 별수없이 나와 동류항일 거요. 동류항끼리 마음을 헤치
  구 하룻밤 먹어 봅시다그려."
하면서 굳이 술잔을 권하는 것이다. 현보는 녀석의 면상에 잔을 던지고
그 자리를 일어나고도 싶었으나 ── 실상은 웃지도 못하고 울지도 못
할 난처한 표정대로 그 자리에 빠지지 앉아 있을 수밖에는 없었다.

산정

여름내나 가으내나 그은 얼굴이 좀체 수월하게 벗어지지 않는다. 아마도 해를 지나야 멀쑥한 제 살을 보게 될 것 같다. 바닷바람에 밑지지 않게 산기운도 어지간히는 독한 모양이다.

"호연지기*가 지나친 모양이지?"

동무들은 만나면 칭찬보다도 조롱인 듯 피부의 빛깔을 걱정한다. 나는 그것을 굳이 조롱으로는 듣지 않으며 유쾌한 칭찬의 소리로 들으려고 한다.

"두구 보게. 역발산 기개세* 않으리."

큰소리도 피부의 덕인 듯, 나는 그은 얼굴을 자랑스럽게 쳐들어 보이곤 한다.

학교에 등산 구락부가 생기면서부터 신 교수, 박 교수와 세 사람이

---

* 호연지기(浩然之氣) 사물에서 해방되어 자유롭고 즐거운 마음.
* 역발산 기개세(力拔山氣蓋世) 힘은 강하고 위대하며, 의기는 온 세상을 덮을 만큼 왕성하다. 기력의 뛰어남을 형용하여 이르는 말.

하는 수 없이 단짝이 되어 버렸다. 학생들을 인솔할 때 외에도 대개는 세 사람이 주동이 되어서 등산을 계획하고 실행하고——차례차례로 산을 정복해 왔다. 학교와 가정과 거리와 그 외에는 생각지도 못하던 세상 —— 산을 새로 발견한 셈이었다.

한두 번 오르는 동안에 산의 매력이 전신에 맥쳐 오면서 산의 맛을 더욱 터득하게 되었다. 동룡굴*을 뚫고 묘향산*을 답파한 데서부터 시작되어서, 여름부터 가을 동안 차례로 장수산*을 정복하고 대성산을 밟고, 가까운 곳으로는 사동까지 나가고 주암산*을 돌기는 여사로 되었다. 일요일만 돌아오면 으레 걸방들을 짊어지고 나서게 되었다. 거리에 나가 별일 없이 하루를 허비하거나 집에서 책자를 들척거리는 것보다도 한결 그 편이 더 뜻있음을 알게 된 것이다.

하룻길을 탈없이 다녀만 오면 가슴 속이 맑아지고 몸이 뿌듯이 차져서 눈에 보이지 않는 힘이 그 어느 구석에 포개져 가는 것 같다. 사람의 일생은 물론 노동의 일생이어야 되나, 산에 오름은 결코 소비적인 행락이 아니요 반대로 참으로 생산적임을 알게 되었다. 기쁨과 함께 오는 등산의 공을 몸과 혼을 가지고 느끼게 되었다. 동무가 말하는 호연지기가 그은 피부 그 어느 구석에 간직해 있다면 산의 덕이 이에 더 큼이 있으랴!

스타킹 위로 벌거숭이 무릎을 통째로 드러내 놓고 등산모를 쓰고 륙색을 메고 피켈을 짚고 나선 모양은 완전히 세 사람의 야인이다. 선생이니 선비니 하는 귀찮은 직책과 윤리를 떠나서 평범한 백성으로 변한다. 그 자유로운 모양으로 거리를 지나고 벌판을 걸을 때 벌써 신 교수가 아니고 신 서방이며, 박 서방, 이 서방인 것이다. 하기는 이 범용한

---

* **동룡굴** 평안 북도 영변군에 있는 종유 동굴. 길이 약 2km.
* **묘향산**(妙香山) 평안 북도 영변군에 있는 산. 높이 1,909m.
* **장수산**(長壽山) 황해도 재령군에 있는 산. 높이 747m.
* **주암산**(舟巖山) 경상 북도 봉화군에 있는 산. 높이 968m.

묘향산

한 지아비 될 모양으로 거추장스런 옷 벗어 버리고 등산복으로 갈아 입는 셈인 것이다.

그 범속한 차림으로 거리에 나서 륙색 속을 더 충실히 채워 가지고는 목적지로 향하는 것이나, 목적지는 처음부터 결정된 때도 있고 차리고 나선 후에 작정되는 때도 있었다.

그 날 같은 날은 나선 후에 작정된 것이었다. 백화점에서 머뭇거리면서 어디로 갈까를 망설이던 끝에 작정된것이 서장대 방면의 코스였다. 서장대로 나가 야산들을 정복하고 남포 가도로 나서서 돌아오자는 것이었다.

그 날의 세 사람의 륙색 속을 별안간 대로상에서 수색당했다면 요절할 광경을 이루었을는지도 모른다. 김말이 점심밥과 술병과 과일이 든 것은 별반 신기한 것이 못 되나, 항아리 속에 양념해 넣은 쇠고기와 석쇠와 숯이 그 속에 있을 줄야 누구나 쉽게 상상하지 못할 법하다. 산허리에 숯불을 피우고 석쇠를 걸고 맑은 공기 속에서 고기를 구워 먹자는 생각이었다.

별것 아니라 고깃집 협착한 방 안의 살림살이를 하늘 아래 넓은 자리 위로 그대로 이동시키자는 것이었다. 워낙 고기를 즐기는 박 서방의 제안이었으나 그 기발한 생각은 즉석에서 두 사람의 찬동을 얻어 그 날의 명물 진안이 된 것이었다.

따끈 쬐지도 않고 흐리지도 않은 알맞은 가을 날씨였다. 나뭇잎이 혹은 물들고 혹은 떨어지기 시작하고, 과일점 앞에는 햇과일이 산더미같이 쌓이기 시작하는 시절이었다. 보통문을 지나 벌판에 나섰을 때 세 사람은 쇠고기 항아리와 석쇠와 숯과 밥을 짊어지고 다리가 개운들 했다. 시든 잡초가 발 아래에 부드럽고 익은 곡식 냄새가 먼 데서 흘러온다. 알지 못할 새빨간 나무 열매가 군데군데에서 눈에 띄는 것도 마음을 아이같이 즐겁게 한다.

밭둑을 지나 산기슭에 이를 때까지도 신 서방의 이야기는 진하는 법이 없다. 거리에 있을 때에는 엄두도 안 내던 이야기가 일단 길을 떠나게 되면 세 사람 사이에 꽃피기 시작하는 것이었으나. 총중에서도 신 서방의 오산 있었을 때의 가지가지의 쾌걸담은 늘 나의 귀를 끈다. 짧은 경력에도 불구하고 그는 거기서 많은 인생의 폭을 살아온 듯, 뒤를 잇는 이야기가 차례차례로 그림같이 내 눈 속에 새겨진다. 동료와 낚시질을 떠났다가 비를 만나 주막에 들어 소주 타령을 했다던 이야기——.

직원 가운데에 사냥 잘하는 포수가 있어 서해 바다로 물오리 사냥을 나가게 되면 해뜰 때, 해질 무렵이 한창 오리들의 날아오는 고패여서 아침 고패에 한바탕 잡아 가지고는 술집에 들어가 안주 삼아 하룻동안 술놀이를 하다가는 저녁 고패에 또 한바탕 사냥을 나서면 술기운에 손이 떨려 총 겨냥이 빗나가기만 하고 결국 한 마리의 수확도 없이 집으로 돌아왔다던 이야기——.

비등한 이야기에는 한이 없는 것이었다. 그 날은 오산을 떠나던 때의 이야기였다. 구수한 말소리가 말할 수 없이 진귀한 것으로 내 귀에는 한 마디 한 마디 들려온다.

"……명색은 나를 보내는 송별연이지만 나두 내 몫을 내서 세 사람이 톡톡 터니까 합계 육십 원야라. 시간이 파하자 읍내로 나가서 제일가는 청운루를 찾아 육십 원을 통째로 주고 이 몫어치만 먹여 달라고 도급을 맡기지 않았겠나."

어느 때까지나 놀았던지 곤드레만드레 취해서 나중에는 의식의 분별이 없게 되어 세 사람이 공교롭게도 함께 취중의 욕망에 사로잡히게 되었으나, 기생이라고는 처음부터 끝까지 꼭 한 사람만이 시중하고 있었고, 주인에게 술값의 세음을 따지니 단 십 원밖에 남지 않았다는 것이란다.

"……어떻게 했겠나? 십 원을 자리에 놓고 제비를 뽑지 않았겠나. 공교롭게 내가 맞혔다. 그렇게 되니 두 친구는 껄껄껄껄 앙천대소*를 하면서 차라리 잘됐다구 보내는 한 사람을 위해서 담박한 심사로 나를 축수하네그려. 취한 판이라 십 원을 가지고 여자를 데리구 옆방으로 들어간 것은 물론이어니와, 여자두 된 여자라 십 원은 도로 사양해서 술값에 넣어 준단 말이네. 즉, 밤은 늦은데 십 원어치 술이 더 남았단 말이네."

데설데설 웃으며 땀을 씻느라고 모자를 벗었을 때 신 서방의 머리카락은 바람에 우수수 흩어져서 벗어진 이마에 제법 훌륭한 풍채를 띤다. 벌써 반생이 되어 버린 희끔한 머리오리에 풍상 많은 과학자의 반생이 적혀 있는 듯, 인상 깊은 그의 자태와 그 날의 이야기가 알 수 없는 조화를 띠고 나의 마음 속에 새겨진다.

"……벌써 날이 훤하게 밝은 새벽, 세 사람은 하는 수 없이 나귀를 세 내서 한 사람이 한 필씩 타고는 집으로 향할 때 어스러지는 달은 서천에 걸리구 찬 바람이 솔솔 불어와 가슴 속에 스며들구 —— 그렇게 통쾌한 날두 드물었어……."

아직 청운의 뜻을 반도 이루지 못한 소장 과학자의 유쾌한 웃음소리가 산허리를 굴러내려 벌판 건너편으로 사라진다. 나뭇가지 풀잎도 마음 있는 듯 나부끼는 양이 흡사 그 웃음소리에 뜻을 맞추려는 것인 듯도 하다. 확실히 그 웃음소리로 해서 우리들의 마음도 한결 가벼웠다.

산을 넘고 골짜기를 지나고 또 산을 넘었을 때 몸도 허출해지고 시계도 벌써 낮을 기리킨다. 과수원 옆 펑퍼짐한 산허리에 자리를 잡고 짐들을 내린다. 풀밭에 서서 아래를 굽어볼 때, 골짜기에는 인가가 드뭇하고, 먼 벌판에는 철로가 뻗쳤고, 산을 넘은 맞은편 하늘 아래에는 등

---

* 앙천대소(仰天大笑) 하늘을 쳐다보고 크게 웃음.

지고 온 도회가 짐작된다.

목청을 놓아 노래를 부르면서 돌을 모아서는 화덕을 만든다. 검불을 긁어서 불을 피우고 숯을 얹으니 산비탈에 때 아닌 아지랑이가 아롱아롱 피어오른다. 이윽고 고기 굽는 연기가 피어오르고 양념 냄새가 사방에 흩어지면서 조그만 살림살이가 벌어지고 사람의 경영이 흙과 초목 사이에 젖어든다. 금목수화토 오행이 모두 결국 사람의 경영을 도와 줄 뿐이요, 광막한 누리 속에 그득히 차 있는 그 무엇 하나 사람의 그 경영을 반대하고 멸시하는 것은 없다. 술잔이 거듭 돌아간 잎이 너볏너볏 퍼질 때 마음은 즐겁고 멀리 내려다보이는 속세가 아무 원한 없는 담담하고 하잘것없는 것으로 차라리 그립게 바라보인다.

별로 신기할 것도 없는 평범한 행사요 하루였만 그것이 항간이 아니고 산인 까닭에 순간순간이 기쁨에 차진 것이요 감격에 넘치는 것이었다. 짧은 하루가 오랜 하루 같고, 인생의 중요한 고패를 넘는 하루 같다. 몇 시간 동안의 살림이 자취를 그 이름 모를 산비탈에 남긴 후 불을 끄고 뒷수습을 하고 산을 내려와 다시 벌판에 나섰을 때, 세상이 눈앞에 탄탄대로같이 열리면서 그런 유쾌할 데는 없다. 전신에 꽉 밴 산의 정기를 느끼며 훤히 트인 남포 가도를 걸으면 걸음걸이에 산 냄새가 떠돈다.

저녁때가 되어서 거리에 다다를 때 세 사람의 자태는 거리에서는 완전히 타방의 나그네다 아직까지도 거나해서 휘적휘적 걷는 세 사람의 야릇한 풍채가 사람들의 눈을 알뜰히 끈다. 이미 속세쯤은 백안시하고 흘겨볼 만한 용기를 얻은 세 사람은 그 무엇 하나 탄할 것도 부끄러워 할 것도 없이 찻집에 들어가 한 잔 차에 목을 축이고는 그길로 목욕탕으로 향해 더운 목욕물 속에 하루의 피로를 깊숙이 잠근다.

목욕물은 피곤을 풀어 주고 산때를 씻어 주면서도 몸 속에 배고 밴 산 정기만은 도리어 북돋워 주고 간직해 주는 듯, 목욕을 마치고 자리

에 나서면 전신이 부듯하고 기운이 넘친다. 저울에 오르면 확실히 근수도 는 듯 흔들리는 바늘이 킬로를 가리키면서 언제까지든지 출렁출렁 춤을 춘다. 카메라 속에 남은 필름에다 그 벌거숭이의 몸들을 각각 찍어 수습하고 나면 그 하룻동안에 그 무슨 위대한 역사의 한 장이나 창조를 하고 난 듯한 쾌감과 자랑이 유연히 솟는다. 거리에 나섰을 때 참으로 세상은 내 것인 듯, 세 사람은 각각 가슴을 내밀고 심호흡을 거듭한다.

그 날 저녁, 집으로 바로 돌아가기가 아까운 듯, 기어이 탈선을 해 버린 것은 그 유쾌한 감정의 연장으로였다.

"한 군데 가 볼까?"

박 서방의 제의를 거역할 리는 없는 터에 세 사람은 결국 뒷골목의 그 '수상한 집'이라는 것을 찾아 냈다.

날이 밝으면 다시 교직과 책임이 우리를 부르게 될 것이나, 그 날 하루는 마지막의 일순간까지라도 교직을 벗어난 세 사람의 자유로운 해방의 날이어야 한다.

청하지 않는 술이 뒤를 이어 대중없이 들어오고 단칸방에 여자는 세 사람이었다. 정체 모를 세 사람의 머슴 사이에 끼여 세 사람의 여자는 갖은 교태를 부리며 한없이 술을 권한다.

"신 서방의 허물이오."

낮의 산에서의 신 서방의 지난 때 이야기를 생각하고 이렇게 문책하는 것이었으나 물론 이것은 농담인 것이요, 신 서방의 허물은 세상 어느 구석에서든지 항상 되풀이되는 것이다. 다만 하나의 암시가 되었다면 되었을까 —— 그 밤과 이 밤과 같다면 같고 —— 다른 것이 있다면 여자가 한 사람이 아니었다는 것이다. 즉, 제비를 뽑아서 신 서방만을 이롭힐 것은 없었던 것이다.

온전히 야생의 날이었다. 문명을 벗어나서 야생의 부르짖음만이 명령하는 날이었다. 산의 죄가 아니요 산의 덕이다. 전신에 흠뻑 배고 넘치는 산 정기의 덕이었다. 더럽혀진 역사의 한 장이 아니고, 역시 옳은 역사의 한 장이었다. 등산복을 입고 스타킹을 신고 있는 한 부끄러울 것 없는 밤이었다.

　산은 야릇한 것 —— 나는 지금 아직 산때를 완전히 벗지 못한 피부를 바라보면서 산 정기를 또 한 번 불러 본다.

고사리

1

　홍수는 축* 중에서도 숙성하였다. 유달리 일찍이 앵돌아지게 익은 고추송이랄까? 쥐알봉수*요 감발저뀌*였으나 야무러지고 슬기로는 어른 뺨쳤다. 들과 냇가에서는 축들을 거느리고 장거리에서는 어른과 겨뤘다. 인동은 홍수를 어른같이 장하게 여겼다. 우러러만 볼 뿐이요 아무리 바라도 올라갈 수 없는 나무 위 세상에 홍수는 속하고 있는 것이었다. 그가 살고 있는 세상은 아이의 세상이 아니요 어른의 세상이었다. 어른의 세상은 커다란 매력이었다. 그러므로 홍수는 늘 존경의 목표요 희망의 봉우리였다. 그는 약빨리 어른을 수입한 천재였다.

　이튿날 장거리에서 김 접장*과 으른* 것만 해도 인동에게는 하늘같이 장하게 생각되었다. 당나귀 발에 징을 박고 있는 김 접장의 상투를

＊**축**　같은 무리나 또래로 구분한 '사람들의 동아리'를 속되게 이르는 말.
＊**쥐알봉수**　약하고 졸렬하면서도 잔꾀가 많은 사람을 조롱하여 이르는 말.
＊**감발저뀌**　이익을 노리어 남보다 먼저 약빠르게 달라붙는 사람.
＊**접장**(接長)　'선생'을 속되게 이르는 말.
＊**으르다**　〔상대편을 해칠 듯이〕 말이나 행동으로 위협하다.

홍수는 뒤로 몰래 가서 보기 좋게 끄들어 흔든 것이다. 영문을 모르고 벌떡 일어서는 김 접장은 서슬에 당나귀 발길에 면상을 채었다. 약이 바짝 올라 쇠망치를 든 채 홍수를 뚜들겨 쫓았다.

"망종의 후레자식."

홍수는 엎어지락 쓰러지락 쫓겼다. 총중에는 홍수를 안된 놈이라고 사설하는 사람도 있기는 있었으나 어른들은 차라리 심심파적*으로 바라다들만 보고 있었다. 인동은 누가 이길까 주먹을 오므려 쥐고 속으로는 홍수 편을 부축하였다.

"요놈, 붙들기만 하면 네 아범하구 한데 묶어 강물에 띄울 테다."

"고치 번더지만한 상투를 아주 빼놀까 부다."

대거리하면서도 홍수는 지쳐서 소장판으로 뛰어들었다. 그 곳에는 말뚝이 지천으로 박혀 있다. 그것을 이용하자는 꾀였다. 가리산 지리산 말뚝을 헤치고 날래게 몸을 뒤적거리는 홍수를 쫓기가 유들유들한 김 접장에게는 무척 거북한 듯하여 굽은 말뚝 한 개를 돌다가 기어이 다리를 걸쳐 나가곤드라지고 말았다. 분김에 불심지가 올라 얼얼한 다리를 비비면서 바짝 길을 죄었다. 손아귀에 움켜든 기름종개같이 홍수는 얼른 손 안에 움켜 들렸다.

"어린놈이 어른에게 대들다니."

"그 잘난 어른."

"아이는 아이와 노는 법인 것을."

"난 어른야. 어른 하는 것 다 알고 있어."

"무얼 다 안단 말이야."

"무엇이든지 나 보았어."

"무서운 생쥐 같으니."

---

* 심심파적 심심풀이.

어린 볼을 사정없이 갈기고 다시 발칙한 짓 하겠느냐고 으르며 강종 받으려 하였으나 홍수는 홀홀히 휘이지 않고 어디까지든지 박서며 겯거니 틀거니 한참 동안이나 실갱이였다. 수많은 눈들과 웃음 속에서 철부지의 하룻강아지를 대수로 하고 그 짓임을 생각하고 김 접장은 열적고 경없어졌다. 사지를 한데 모아 달롱 들어 소장 더미에 갖다 동댕이를 치고 발길로 두어 번 엉덩이를 찼으므로 마음은 한결 누그러졌다. 홍수는 어떻게든지 하여 김 접장의 볼을 한 개 갈겨 보려고 쓰러진 채 손을 휘젓고 애썼으나 헛수고였고, 발길을 돌리는 어른에게 침을 두어 번 뱉었다. 침발은 날려서 다시 얼굴 위에 떨어졌다.

인동은 보고 섰는 동안에 눈물이 돌았다. 오히려 눈물 한 방울 안 흘리고 박서는 담찬 홍수의 마음을 대신하였음일까. 눈물은커녕 홍수는 도리어 새빨간 얼굴에 입술을 꽉 물더니 벌떡 뒤치고 일어서 한층 노기를 띠었다. 돌멩이를 집어들고 다시 징박기를 시작한 김 접장의 뒤로 갔다.

"객쩍은 자식한테 실없이 봉변했다. 여편네 하나 거느리지 못하는 맹추가 멀쩡한 뉘게 분풀이야. 느 여편네 요새 난질이 나서 넌실넌실 발광인 줄 모르니?"

돌멩이는 공교롭게 상투를 맞혔다. 김 접장은 어이가 없어 더 대거리도 하지 않았다. 다만 눈을 부릅뜨고 돌아섰을 때에는 홍수는 쏜살같이 거리를 달아나는 판이었다.

여편네가 난질이 났다는 말이 거짓말인지 정말인지 사람들은 다만 웃음을 머금었을 뿐이었고 김 접장도 더 그 말을 취사하지 않는 것 같았다.

축들은 홍수를 따라 거리를 벗어나 마을 앞으로들 달렸다. 인동도 그 속에 있었다.

"어른과 싸우기 무섭지 않던?"

풀밭에 왔을 때에 홍수는 축들에게 둘러싸였다. 모두 앞을 다투어 그와 어깨동무 되려고들 하였다. 칭찬의 소리가 요란스럽게 풀잎을 무질렀다.

"무섭기는 그까짓 것. 난 세상에 무서운 것 없어 마음이 개운하다."

"밤에 선왕 숲에 가도 무섭지 않던?"

"도깨비를 만나도 김 접장같이 해낼걸."

"넌 장사다. 어른이다."

"요담에 싸울 때 됩데 감 접장의 사지를 묶어 덤 속에 처박으련다."

축들은 김 접장을 그만 팔불용*으로 여기게 되고 홍수를 김 접장보다 훨씬 나은 장사로 생각하게 되었다. 알 수 없이 기운들을 얻어 뛰고 차고 쓰러지고 하였다. 조그만 발 밑에서 풀포기가 짓으끄러져서 쓰러지면 옷자락이 푸르게 물들고 하였다.

홍수에게서 갑내집 이야기를 들었을 때 인동은 피가 불끈 솟으며 소름이 돋았다. 춤이 불같이 달다. 홍수의 한 마디 한 마디를 놓치지 않으려고 몸이 별안간 그에게로 기울어지며 콧방울이 긴장되었다.

"다 보았다. 젖꼭지까지도 발톱까지도 무어고 다 보았어. 무섭더라. 죄 짓는 것 같더라."

홍수를 그 자리에 때려 눕히고도 싶고 그를 칭찬하고 위해 주고도 싶다.

"얼른 말을 이어라, 어떻게 해서 보게 되었는지?"

"밤은 깊고 달은 밝은데 뒷모양이 아무리 보아도 갑내집이기에 필연 장거리의 어떤 놈팽이와 만나러 가는 눈치 같아서 슬며시 뒤를 따라 보았다. 중간에서 두어 번 들켜서 쫓기고야 말았다. 그러기 때문에 그가 가는 곳을 알게 된 것은 사흘 되던 밤이었다. 어디로 간 줄 아니?"

---

* 팔불용(八不用) 몹시 어리석은 사람을 이르는 말. 팔불출.

눈망울이 달빛을 받아 구슬같이 빛났다.

"개울가에 이르더니 조약돌 위에 옷을 훌훌 벗어던지고 둑 밑 웅덩이 속에 풍덩 잠기더구나. 밤마다 그 곳에 목물하러 가는 줄을 처음으로 알았다. 둑 옆에 왜 큰 버드나무가 있잖니? 나는 숨을 죽이고 가지 위에 올라 개구리같이 줄기 사이에 배를 납작 붙이고 내려다보았다. 다 보았다. 옆구리에 박힌 점까지 알았다. 무섭더라. 하아얀 살결이 달빛에 쩔어 눈알이 둘러패이는 것같이 부시더라."

인동은 전신의 피가 수물거리며 머리가 아찔하였다. 숨이 가쁘다.

"장거리에 뜬 술장사가 많이도 오기는 왔지만 난 갑내집만한 일색을 모른다. 그런 품 속에서 하루라도 지내 보았으면 어머니 품에서 자는 것보다 얼마나 좋겠니. 지금 생각하면 미친 짓 같으나 보고 있는 동안에 별안간 화가 버럭 나더구나. 아무리 그립다고 생각한대야 우리 같은 것에야 눈이나 한 번 바로 떠 보겠니? 다 어른 차지야. 어른이 되는 수밖에는 없어. 심술김에 나는 고의가달을 걷어올리고 다리 사이로 오줌을 깔기기 시작했다. 갑내집은 별안간 빗방울이 듣는 줄만 알고 손바닥을 벌리고 하늘을 쳐다보더구나. 톡톡히 혼을 좀 뽑아 내려고 난 목소리를 내서 황급스런 고함을 쳤다. 저것 봐라. 물 위로 떠는 저 구렁이! 갑내집은 악 소리르 치더니 기급을 하고 철벙철벙 물가로 나와 치마폭으로 젖은 몸을 가리고 허둥허둥 돌밭을 뛰더구나. 구렁이라니 휘젓고 가는 그의 몸뚱어리야말로 흰 구렁이같이 곱더라."

인동은 홍수에게 확실히 한 대 먹은 것 같았다. 그역 갑내집에 대하여서는 홍수와 같은 생각을 가지고 있다. 자기가 하고 싶던 것을 홍수가 한 걸음 먼저 가로채어서 해 버린 셈이었다. 인동은 자기의 고림장이*의 성질을 안타깝게 여기고 나무에 오르는 재주 없음을 한탄하는 수밖

---

*고림장이 '몸이 약하여 늘 앓는 사람'을 농으로 이르는 말.

에는 없었다. 홍수는 민첩한 감동으로 인동의 심중을 족히 헤아릴 수 있었다.

"생각이 있거든 두말 말고 오늘 밤 내 뒤를 대서라. 나무에는 내 떠받들어 올려 줄게. 오늘 밤엔 기막힌 장난 해 보지 않으련? —— 갑내집이 물 속에 들어갔을 때 몰래 가 벗어 놓은 옷을 집어다 감추는 것이다. 얼마나 난탕을 칠까? 우리 말을 듣거든 의젓이 항복을 받고 내주자꾸나. 갑내집과 친해 가지구 됩데 어른들에게 골탕을 먹이잔 말이다. 달이 벌써 높았다. 갑내집은 갔을 게다. 뛰어나가 보자."

꽁하게 맺혔던 인동의 심사도 적이 풀려 이제는 새로운 모험에 가슴이 두렵게 뛰놀았다.

둘은 짧은 그림자를 발 아래 밟으며 달 아래를 돌멩이같이 굴러 달아났다. 갑내집의 자태는 보이지 않았다. 나무에 올라서 기다리기로 하고 홍수는 인동의 발을 떠받쳤다. 뒤미처 다람쥐같이 날쌔게 가지 위에 올랐다.

좁은 나뭇가지 위에서는 몸을 쓰기가 거북하였으나 홍수는 누웠다 섰다 앉았다 하여 교묘하게 몸을 쓰며 결코 무료를 느끼는 법이 없었다. 오래 되었어도 물 위에는 그림자가 나타나지 않았다.

별안간 나무 아래에 목소리가 들리기 전까지에는 갑내집은 안 오는 것으로만 생각되었다.

"요 가살이들, 나무에는 무엇 하러 올라갔어?"

갑내집임을 알았을 때 인동은 몸이 으쓱해지며 두려운 생각이 났다.

"왜 이리 늦었수?"

침착한 홍수의 태도도 인동의 설레는 마음을 가라앉히지는 못하였다.

"멀쩡한 각다귀. 언제든지 속을 줄만 알았니? 어른을 노리갯감으로 알고 —— 녀석들."

"어른은 어른 노리개밖엔 안 되나?"

"하는 소리가 모두 엉큼해. 이 녀석들을 어떻게 하면 좋아? 오늘 밤엔 혼을 좀 뽑아 놓겠다."

"오줌을 갈길까 부다."

홍수가 대거리를 하며 띠를 풀려고 할 때 갑내집은 돌연히 기급을 할 듯이 외면하면서 고함을 쳤다.

"에그머니, 저것 보아라. 뱀? 나무 위에 서리서리 올라가는 저 구렁이, 에그머니나!"

가리산지리산 내렸다.

"으앗!"

나무에 들어붙었던 인동은 짧은 소리를 치며 정신을 잃었다. 팔에 맥이 풀리며 그대로 나무 줄기를 미끄러져 떨어졌다. 그제서야 홍수는 일시에 겁을 먹고 어쩔 줄을 모르다가 황급히 떨어져 버렸다. 요행 아래는 풀밭이라 다친 데는 없었으나 인동은 오래 있다 정신을 차렸다. 갑내집은 가고 없었다. 그렇게 그리워하던 것이 불시에 사라진 요물같이 생각되었다.

그 밤 일은 물론 둘만이 알고 있는 비밀이었다.

그 후로 인동은 넋을 메운 듯이 기운을 잃고 비영거렸으나 들에 나가 뛰고 시내에 나가 잠기고 하는 동안에 차차 기운을 차려 갔다. 홍수는 제 허물도 느끼고 하여 특히 두남 두어 뭇시발을 귀찮게 여기지 않았다. 선왕 숲에서 돌배를 두드려 떨 때에는 굵은 것을 나눠 주고, 물가에서 삼굿을 할 때에는 잘 익은 옥수수 이삭을 인동에게 물려주곤 하였다.

그러면서도 속궁리는 스스로 달랐다. 홍수는 늘 인동을 한풀 접어 놓고 같은 대접을 하지 않았다. 인동을 아직도 풋동이라고만 생각하였기 때문이다. 그것이 인동에게는 맞갖지 않고* 슬펐다.

---

*맞갖지 않다 마음이나 입맛에 맞지 아니하다.

　인동이 가진 한 푼의 동전을 탐내면서도 홍수는 속을 뽑힐까 봐서 터놓고 말을 하지 않았다. 제일 굵은 가래나무 열매와 바꾸자는 청이었으나 곧은 불림으로 말하면 거저라도 줄 것을 하고 인동은 녀석의 심중을 서글프게 여기면서 괘장부리고 싶은 생각조차 들었다.

　"무슨 소리인지를 말하려무나."

　"싫거든 그만두어라."

　되술래잡는 홍수를 야속하게 여기는 한편 두서 없는 제 꼴도 경없게 생각되어 인동은 가래와 동전을 바꿔 버렸다.

　장날 저녁때 해기 그늘할* 때 풀밭에서 삼굿을 시작하였다. 구멍이를 파고 불을 피우고 조약돌을 모아 쌓고 뻘겋게 달게 달렸다. 신명들

---

*그늘하다　모자람이 없이 느긋하다.

이 나서 뛰고 법석들이었으나 그 때까지도 홍수의 꼴이 보이지 않음을 인동은 괴이히 여겼다. 또 한 구덩이에 삶을 것을 묻으려 할 때에 홍수는 비로소 뛰어왔다. 품에는 감자와 콩꼬투리를 수북이 안고 왔다. 늦게까지 장판을 헤맨 눈치였다.

익힐 것을 모조리 묻고 단 돌에 물을 주고 제각각 흩어져 잠시 동안 쉴 때 인동들은 잔버들 숲에 가서 앉았다.

홍수는 어디서 어떻게 후려 넣은 것인지 온개의 궐련 한 개를 집어내더니 불을 붙였다. 담배와 성냥과 —— 인동에게는 무섭고 놀라운 것이다. 어떻게 피우나 하고 보고 있으려니 홍수는 제법 연기를 길게 마시더니 코와 입으로 휘 하고 뽑았다. 눈물은커녕 기침도 하는 법 없다. 찔레같이 밋밋한 궐련이 두 손가락 사이에 간드러지게 쥐었다. 그 곤댓짓하고 거드름 부리는 꼴에 인동은 샘조차 느꼈다.

"어느 새 그렇게 배웠니? 늠름한 시늉이 어른 같구나."

"너두 한 모금 피워 보렴. 아무렇지도 않단다. 눈 꾹 감고 목구멍으로 후욱 들이마시문 가슴이 시원하고 연기는 저절로 콧구멍으로 술술 새어나온다."

인동은 연기를 입 안에 물어 본 적은 있어도 넘겨 본 적은 없었다. 잘 못하다가는 당장에 정신이 아찔하여지며 그 자리에 쓰러져 꼬꾸라질 것 같은 무서운 생각이 들었던 것이다. 넓은 도랑을 뛰어 건널까말까 망설일 때와도 같았다.

그러나 닦달질하는 홍수의 권도를 못 이겨, 결심하고 입에 한 모금 그득 머금은 연기를 죽을 셈 치고 마셔 보았다. 역시 홍수를 따를 수는 없었다. 금시에 가슴이 훌치는 것 같아 재채기를 하고 눈물이 솟았다. 풀 위에 가슴을 박고 쓰러져 버렸다.

"애초부터 겁을 먹으니 그렇지. 물 마시듯 천연스리 마셔 보렴. 아무렇지도 않지."

홍수는 보라는 듯이 허울좋게 푹푹 빨아서는 마시고 마시곤 하였다. 인동은 눈물 사이로 하염없이 그 꼴을 바라보았다. 끝끝내 뛰지 못할 도랑 건너편에 있는 홍수였다. 별안간 앵돌아진 홍수의 얼굴이 쏜살같이 뒷걸음질쳐 손 닿지 못할 먼 곳에 달아나곤 하였다.

"담배쯤에 겁을 먹으니 무엇이 되겠니? 넌 아직두 멀었어. 난 너와 놀기 싫다. 암만해도 어울리지 않어."

인동은 서글펐다. 한 마디 더 하면 눈물이 푹 솟을 것 같다.

"이까짓 담배쯤에!"

홍수는 목소리를 떨어뜨리더니 귀에 입을 갖다 대었다.

"순자 말이다. 너를 좋아하는 눈치더라. 수명이더러 널 늘 데려와 놀라구 그러는 눈친데 녀석이 잊어버리는 것 같애. 거리에선 순자가 제일 낫다. 키두 제일 크구 나백이요, 섬도 들 대로 들었어. 그러나 너겁을 먹으문 안 된다. 재채기를 하구 쓰러지문 다 틀려. 천연스럽게만 굴문 무서울 것 없어."

인동은 머리가 어찔어찔하고 눈이 부셨다. 담배보다도 독한 말을 들은 것 같다.

"여기 두 개 있다. 한 개 주마. 접대 주던 동전으로 가만히 샀다. 오늘 장날 아니냐, 어른 몰래 사느라구 이렇게 늦었다."

인동은 두 눈을 말똥하게 뜨고 홍수의 손에 쥐인 것을 보았다. 큰일이나 저지른 듯한 현혹한 느낌이었다. 반지였다. 구리실로 가늘게 휘어 만든 노란 반지였다.

"하나는 내 것이다. 알지? 봉이 말이다. 봉이 손가락에 끼워 주련다. 날더러 사 달랬어."

요란스런 소리가 나며 벌써들 삼굿으로 몰려 들어가는 눈치에 홍수는 날쌔게 반지 하나를 인동의 주머니 속에 넣어 주고 자리를 일어섰다.

인동은 무시무시한 생각이 나서 여러 차례나 반지를 풀밭에 내버릴

까 궁리하면서 시남시남* 홍수의 뒤를 따라 걸었다.

"순자년 혼자 집 지키기 무섭다더라."

수명은 누이를 년이라고 부르기가 일쑤였다.

인동은 겸연쩍으면서도 수명의 귀찮은 닦음질 바람에 뒤를 좇았다.

물론 홍수가 있기 때문도 때문이었으나, 아버지는 나무하러 가고 어머니는 촌으로 술 팔러 간 뒤를 수명 남매가 지키는 때가 많았다. 그런 때는 늘 축들을 불러 놓고 순자는 새로운 장난을 생각해 내곤 하였다. 마구발방*의 홍수도 한곱패 위인 순자 앞에서는 한풀 죽고도 겁스럽게 굴었다. 숨바꼭질을 시작하였으나 네 사람만으로는 경없었다. 인동은 혼자 찾아다니는 동안에 뒤뜰에서 순자를 만났을 뿐이요 수명과 홍수의 꼴은 종시 보이지 않았다. 어느 결엔지 살며시 내뺀 모양이었다.

구럭에 걸린 것 같아 인동도 멋쩍어 그 자리를 감치려 하였으나 순자에게 붙들려 버렸다.

"너 가 버리문 난 어떻게 하니, 무서워서."

나중에는 두 손을 모으고 사정이었다.

"좋아하는 것 줄게."

뒤꼍 헛간으로 끌고 가더니 겻섬 속에서 문배를 한두 가리 꺼냈다.

이빨에 군물이 도는 문배는 돌두려운 맛이었다. 인동은 배맛도 좋은 둥 만 둥 한결같이 마음이 조물거렸다.

"이 집은 흉가란다. 밤에는 여기 도깨비가 나와."

인동은 섬뜩하여 모르는 결에 순자에게로 몸을 쏠렸다.

"난 보았다. 파아란 불이 하나 나타나문 이어서 어디선지두 모르게 둘 셋 수없이 몰켜와 왔다갔다하며 모였다 흩어졌다 하다가두 어느

---

* 시남시남 '시나브로'의 사투리. 조금씩 조금씩.
* 마구발방 아무 거리낌 없이 함부로 하는 말이나 행동.

결엔지 웅얼웅얼 부엌으로 몰려들어가 솥뚜껑 장난이야."

소름이 돋으며 손에 땀이 배었다. 순자의 품이 어머니의 품같이 믿음직하였다.

"무섭두 퍽 탄다. 애기 같구나. 젖 좀 먹으련."

정신이 들었을 때 가슴에 가물가물 맞치는 것이 있었다.

주머니 속에 손을 넣으니 언젠가 홍수에게 얻은 반지였다. 쓰지 못한 반지였다. 홍수 생각이 났다. 모처럼 간곡히 떼어 주던 것을 당해 보니 헛것이었다. 순자는 담배보다 갑절 더 무서운 것이었다.

인동은 그 날을 잊을 수 없었다.

그것은 그가 세상에서 연 —— 알 수 있는 처음이자 마지막 비밀이었다. 그 순간을 지경으로 인동은 그 때까지의 세상에 작별한 셈이었다. 인동은 벌써 어른들의 세상을 엿본 것이요, 숙성한 홍수의 심중을 알게 된 것이다. 모두가 물론 홍수에게서 왔다.

망울 선 젖가슴이 유심히도 아프고 부어서 옴짝달싹하기 싫은 것을 홍수에게 끌려서 인동은 그 날도 강변에 목욕을 나갔다.

헤엄치고 갸닥질하고 물싸움하는 동안에 비맞은 풀포기같이 퍼들퍼들 살아났다. 파득거리는 조그만 짐승들이었다. 물 속과 모래밭에는 발가벗은 짐승들이 고기 떼같이 으르르하였다. 휩쓸려 물싸움질을 시작하면 누구든지 하나가 물벼락을 맞고 고꾸라질 때까지 쉬지들 않았다. 물방울같이 기운들이 그칠 줄 모르고 줄기차게 어느 때까지든지 뻗쳤다. 제 힘에 지치든지 싸움이 터지든지 하여야 비로소 기운은 쉬고 주저든다.

기어이 모래밭에서는 싸움이 터졌다.

패로 갈려 모래가 날며 몸들이 부딪혀 쓰러지며 하였다. 인동은 홍수에게 끌려 싸움에는 목을 보지 않고 씻쳐진 기운을 간직한 채 동떨어진 나무 그늘로 들어갔다.

벌거벗어도 둘만은 피차에 부끄러운 것이 없었다. 씨름을 하다가 쓰러져 풀을 뽑았다. 씨름의 수로도 당할 수 없는 홍수라는 것을 우두커니 생각하고 있을 때 홍수는 문득 생글생글 웃음을 띠며 인동을 노려보았다.

"너 아직 모르니?"

인동의 따귀를 한 대 갈기며,

"녀석, 오늘은 다 가르쳐 주마."

인동은 다 배웠다. 원숭이같이 홍수를 흉내내면 되었다. 부끄러운 생각에 몸이 달았다.

순간을 지경으로 인동은 알지 못해 안타깝고 야릇하던 어른의 세상을 철 이르게 가만히 밀수입한 것이었다. 알 수 없이 마음이 즐겁고 대견하여 흐뭇하였다.

완전히 홍수의 축에 들 수 있음이 말할 수 없이 기뻤다. 모래밭에서 싸움들 하는 동무들을 바라볼 때 마음 속 은근히 자랑이 솟아올랐다.

순자에게 대한 생각이 달리 들었다. 도깨비같이 그를 무서워하고 질겁하던 일이 어리석게 여겨졌다. 그 때와 다른 낯으로 대할 날이 언제일까? 마음 속 은밀히 생각하여도 보았다.

그러나 여기에서도 또 홍수가 앞장을 섰다. 앞장을 선 것은 장하고 부러운 일이었으나 끔찍이도 무서운 결과를 가져오게 되었다.

하룻저녁 해가 아직도 길게 남았을 때 장거리는 요란한 소동에 한바탕 발끈 뒤집혔다.

술집과 술집 사이 밭둑 헛간에서 일은 터졌다.

홍수는 벌거벗은 채로 들리어 냈다. 봉이가 울면서 뒤를 따라나왔다. 들어 낸 것은 봉이 아버지 박 선달이었다.

사람들이 모여들기 전에 든손 처사를 하려고 선달은 홍수를 멱살째

들어 두어 번 후려갈겨 길바닥에 던지고 딸 봉이의 머리채를 잡아끌고 집에 이르러 방구석에 처박았으나, 그 때에는 벌써 거리는 때아닌 장판을 이루어 두런두런 모여들어 요란히들 수물거리는 판이었다.

"세상이 무척 약아는졌어. 우리 코 흘리던 나일세. 무서운 세월이야. 강릉집 자네 몇 살 때 시집갔나?"

요란스런 사이로 여인의 웃음소리가 날카롭게 찢어졌다.

"대체 철은 들었을까?"

새로 일어나는 웃음소리가 뒤를 이어 울명줄명 파도쳤다.

"하기는 어른 흉내내는 것이 아이의 천성인가 부다."

공론은 그 점에 집중되었다. 의론이 분분하고 실랑이들을 쳤다. 어른들은 이제도 벌써 너그러운 태도로 아이들의 행동을 막아 주고 변호하려는 것이었다.

그러나 김 접장과 갑내집만은 경우가 달랐다. 그들은 홍수가 저지른 일을 고소하게 여겼다. 그 언제와 같이 '망종의 후레자식, 엉큼한 각다귀'로 그를 불러댔다.

인동은 어른 숲에 들어 여러 가지 말을 들으며 엄청나고 두려운 생각이 났다. 홍수와 같이 생각하고 놀 때에는 그들의 하는 일이 모두 바르고 떳떳하게 생각되었으나 어른들 말을 들으면 어느 편이 바른지를 종잡을 수 없었다. 홍수를 대신하여 그 자신이 그 자리에서 갖은 모욕을 다 당하고 있는 것도 같았다. 한결같이 부끄럽고 두려웠다. 순자의 생각도 가슴 속에서 멀어졌다.

그러나 이튿날 홍수를 만났을 때에는 그런 생각은 사라지고 다시 그들 생각으로 돌아갔다.

"실없이 망신했다. 어제는 밤새도록 천장에 달아매워 아버지한테 얻어맞았다. 드러나지 않으문 아무 일 없는 것두 눈에 띄기만 하문 사람들은 법석이란다. 사람은 사람을 놀림감 만들기를 좋아하는 무도

한 짐승이야. 뻔히 저도 하는 짓을 다른 사람이 하문 웃거든. 쓸데없는 짓야. 겁낼 것 없다. 어른이란 좋은 것 아냐. 어리석은 물건들이야. 하긴 우리도 이제는 어른이다만."

홍수의 말을 들으면 인동은 다시 기운이 솟았다. 어른에게 대한 부끄러움도 두려움도 어디론지 사라져 버리고 그들의 모든 것이 바르다는 생각이 한결같이 들었다.

김 접장과 갑내집을 톡톡히 해낼 날을 마음 속에 그려도 보았다. 홍수의 말은 마치 요술같이도 마음을 취하게 하였다.

인동의 가슴 속에는 순자의 생각이 요번에는 떳떳하게 떠올랐다. 홍수와 같이 풀밭을 걸어가며 인동은 네 활개를 활짝 펴고 긴 기지개를 썼다.

향수

1

찔레순이 퍼지고 화초 포기가 살아났다고 해도 원체가 고양이 상판만큼밖에 안 되는 뜰 안이라 자복히 깔아 놓은 조약돌을 가리면 푸른 것 돋아나는 흙이라고는 대체 몇 줌이나 될 것인가. 늦여름에 해바라기가 솟아나고 국화나 우거지면 돌밭까지 가리워 버려 좁은 뜰 안은 오종종하게 더욱 협착해 보인다. 우러러보이는 하늘은 지붕과 판장에 가리어 쪽보만큼 작고 언덕 아래 대동강을 굽어보려면 복도에서 제기를 디디고 서야만 된다. 이 소꿉질 장난감 같은 베이비 하우스에서 집을 다스리고 아이를 돌보고 몸을 건사해야 하는 아내의 처지라는 것을 생각하면 별수없이 새장 안의 신세밖에는 안 되어 보이면서 반날을 그래도 밖에서 지울 수 있는 남편의 자리에서 보면 측은히도 여겨진다.

제 스스로 즐겨서 장 안에 간히워진 '죄수'라면 이 역 하는 수 없는 노릇, 누구를 탄하려면 남편 된 입장으로서 나는 사실 같은 처지의, 세상의 수많은 아내들에게 한 조각의 미안한 생각이 없지 않다. 기껏해야 한 달에 몇 번씩 영화 구경을 동행하거나 거리의 식당에서 점심을 먹거나 하는것쯤으로 목이 흐붓이 축여질 리는 없는 것이요, 서양 영화에 나오는 넓은 집 안과 사치한 일광실 속에서 환상에 잠기다가 일단 협착한 현실의 집으로 돌아올 때 차지 않는 속에 감질이 안 날 리가 없다. 현대의 무수한 소시민의 생활의 탄식은 참으로 부질없는 감질 속에 숨어 있는 듯싶다.

아내의 건강이 어느 때부턴지 축나기 시작해서 눈에 띄게 되었을 때 나는 놀라며 그 원인을 역시 이 감질에 구하는 수밖에는 없었다. 구미가 떨어지고, 불면증이 생기고, 그 어딘지 없이 몸이 졸아들면서 하루 세 때 약그릇을 극진히 대한대야 하루 이틀에 되돌아서지도 않는 것이다. 의사도 이렇다 할 증세를 집어 내지 못하는 것으로 보아서 나는 그 원인을 감질로 돌려서 도시 도회 생활에서 오는 일종의 피곤증이라고 볼 수밖에는 없었다. 30평짜리 베이비 하우스에 피곤해진 것이다. 협착한 뜰에 숨어 박히고 살림살이에 지친 것이다. 그 위에 그의 신경을 한층 피곤하게 만든 것은 남편의 욕심이라고 할까. 세상의 남편들같이 고집스럽고 자유로운 욕심쟁이는 없다. 아내의 알뜰한 애정을 받으면서도 그 밖에 또 무엇을 자꾸만 구하는 것이다. 집에 들어서는 범사에 봉건왕이요 폭군 노릇을 하면서 마음 속에는 항상 한없는 꿈과 욕망을 준비해 가지고는 새로운 밖 세상을 구해 마지않는다. 참으로 그리마의 발보다도 많은 열 가닥, 백 가닥의 마음의 촉수를 꾸미고 그 은실, 금실의 끝끝마다 한 개의 세상을 생각하고 손 닿지 않는 먼뎃것을 그리워하고 화려한 무지개를 틀어 본다. 그 자기의 마음 세상 속에 아내는 한 발자국도 못 들어서게 하고 엄격하게 파수 보면서 완전히 독립된 왕국을 몰래 다스려 간다.

일생에 있어서 가장 가까운 아내가 그 왕국에서는 가장 먼 것이다. 이것이 세상 남편들의 어쩌는 수 없는 타고난 천성머리니 나 역시 그런 부류에서 빠진다고는 생각하기 어려우며, 세상에서 꼭 한 사람밖에는 없다고 생각해 주는 아내의 정성의 백의 하나도 갚지 못하게 됨을 부끄러워하지 않을 수 없다. 남자 된 특권인 듯이도 부질없이 마음의 왕국을 세우면서 그것이 아내를 얼마나 상하게 하고 달게 하나를 눈으로 볼 때 날카로운 반성이 솟으며, 불행한 것이 여자요 악한 것이 남편이라는 생각만이 난다. 30평 속에서 속을 달이고 신경을 일으켜 세우고 하는 동안에 아내는 몸이 어느 때부턴지도 모르게 피곤해진 것 같다. 나는 남편된 책임을 느끼고 과반의 허물을 깨달으면서 평화와 건강의 일을 생각하는 것이나 —— 아무튼 도회의 30평은 숨을 쉬기에는 너무도 촉박한 것이다. 이 촉박감이 마음을 한층 협착하게 하는 것이 사실이어서 어느 결엔지 막연히 그 무슨 넓은 것, 활달한 것을 생각하게 되었을 때, 아내는 하루 아침 문득 계획을 말하는 것이었다.

"잠깐 시골이나 다녀오겠어요."

새삼스런 뚱딴지 같은 소리는 아니었다. 해마다 한 번쯤은 다녀오는 고향이었고, 이번 길도 착상한 지는 벌써 오랫동안에 현안 중에 걸려 있었던 문제이다.

"몸두 쉬구 집안 형편도 살필 겸……."

그러나 막상 이렇게 현실의 문제로서 눈앞에 나타나고 보니 선뜻 작정하기도 어려워서,

"글쎄?"

하고 얼뻥뻥하게 대답하는 수밖에 없었다.

"제가 지금 제일 보고 싶은 게 무언데요. —— 울 밑의 호박꽃, 강낭콩, 과수원의 꽈리*, 바다로 열린 벌판, 벌판을 흐르는 안개, 안개 속의 원두꽃……."

"남까지 유혹하려는 셈인가."

---

* 꽈리 가지과에 속하는 여러해살이풀. 집 근처에 심으며 산에 저절로 나기도 함. 빨갛게 익으면 씨를 빼 버리고 아이들이 입에 넣고 부는 놀잇감으로 씀.

"제일 먹구 싶은 건 무어구요. 옥수수라나요, 옥수수. 바알간 수염에 토실토실한 옥수수 이삭, 그걸 삐걱 하구 비틀어 뜯을 때 그 소리 그 냄새 —— 생각나세요? 시골 것으로 그렇게 좋은 게 또 있어요? 치마 폭에 그득히 뜯어 가지고 그걸 깔 때, 삶을 때, 먹을 때 —— 우유맛 이요 어머니의 젖맛이요, 그보다 웃길 가는 맛이 세상에 또 있어요? 지금 제일 먹구 싶은 게 옥수수예요. 바다에서 한창 잡힐 숭어보다 두, 뒤주 속의 엿보다두 무엇보다두……."

"혼자 내빼구 집안은 어떻게 하라구."

그러나 마침 일가 아이가 와 있던 중이었고, 아내의 시골행의 결심도 사실은 거기에서 생겼던 까닭에 이것은 하기는 헛걱정이기는 했다.

"나 혼자 남겨 두구 맘이 달지 않을까?"

"에이구, 어서 없는 새 실컷 군것질해두 좋아요. 얼마든지 하라지, 지 금에 시작된 일인가 뭐. 이제 다 꿈만 하니."

"큰소리 한다. 언제 맘이 저렇게 열렸던구. 진작……."

장담은 해도 여린 아내의 마음이다. 두 마디째가 벌써 그의 마음을 호비는 것을 나는 안다. 눈썹을 찌푸리면서 그 말은 그만 그것으로 덮어 버리고 천연스럽게 말머리를 돌리는 아내의 눈치를 나는 더 상해서 는 안 된다.

"또 한 가지 이번 길의 이유로는——."

다 듣지 않아도 나는 뜻을 짐작한다. 늘 말하는 1만 원 건인 것이다. 그의 어머니보다도 오빠가 용돈으로 1만 원을 약속한 것이다. 그것을 얻으러 가겠다는 말이다.

"만 원은 갖나 무얼 하게. 그까짓 남의 논 누가 좋아할 줄 아나. 사람 의 맘을 괜히 읽어 놀까 해서."

"아따, 큰소리 그만둬요. 돈 보고 침만 흘렸다 봐라."

"지금 내게 그리울 게 무어게."

"그까짓 피아노 한 대 사 놓고 장담 말아요."

"방 안에 몇 권의 책이 있구 뜰 안에 몇 포기 꽃이 있으면 그만이지, 또 무어가 필요한데."

반드시 시인을 본받아 그들의 시의 구절을 외운 것이 아니라 사실 이런 청빈의 성벽이 마음 속에 없는 바가 아니다. 때때로 사치를 원할 때가 없는 것도 아니나 뒤를 이어 청빈에 대한 결벽이 자랑스럽게 솟군 한다. 이 두 마음 중의 어느 것이 더 바른지는 헤아릴 수 없으나 두 가지 다 한 몫씩 자리를 잡고 있는 것은 사실이며, 지금에 있어서는 사치에 대해서 일종의 경멸과 반감을 가지고 있는 것도 속임 없는 사실인 것이다. 허나 아내의 말이 바른 것이라면 그가 또 내 마음을 곁에서 한 층 날카롭고 정직하게 관찰하고 있는지는 모르는 것이기는 하다.

"만 원에 한 장도 어김없이 가져올게, 어서 이리같이 약탈이나 하지 마세요."

"내 마음 제발 이리 되지 맙소서!"

합장하는 나의 시늉을 흘겨보고는 아내는 그 날부터 행장을 꾸리기에 정신이 없다. 행장이라야 지극히 간단한 것이나 잘고 빈틈없는 여자의 마음씨라 간 뒤의 집안 살림살이의 요령과 질서까지를 일가 아이에게 트여 주고 거기에 맞도록 집 안을 온통 한바탕 치우고 정돈하기에 여러 날이 걸리는 모양이었다. 눈에 띄우리만큼 말끔하게 거두어진 것을 나는 신기하게 바라보았다. 그러나 집 안이 정돈된 것보다도 더 신기한 일이 생겼다. 떠나는 그 날 저녁 거리에서 돌아온 아내의 자태에 일대 변혁이 생겼던 것이니, 머리를 자르고 퍼머넌트를 건 것이다. 집 안이 정리된 이상의 정리였다. 멀끔하게 추려서는 고슬고슬 지져 놓은 머리는 용모를 일변시켜 총명하고 개운한 자태로 만들어 놓았다. 군이 펄쩍 뛰며 놀랄 것은 없었던 것이, 퍼머넌트에 대한 의논도 오래 전부터 있었던 것으로 충충대고 권한 장본인은 결국 나 자신이었던 까닭이다.

여자의 머리로서 퍼머넌트를 나는 오래 전부터 모든 비판을 떠나 아름다운 것으로 생각해 왔다. 모방이니 흉내니 한다면 이 땅에 그럼 현재 모방이 아니고 흉내가 아닌 무엇이 있단 말인가. 살로메가 요카난의 머리를 형용해서 에돔 나라의 포도송이 같다고 한 머리, 그것을 나는 남녀간의 머리의 미의 극치라고 생각해 왔던 까닭에 아내의 머리에 그 운치를 베풀자는 것이었다. 내가 놀란 것은 도리어 아내의 그 결단성이었다. 아무리 충충대도 오랫동안 주저하고 머뭇거리던 것을 그 날로 단행한 그 결단성인 것이다.

그러나 거기에는 또 아내의 동무들의 실물 교육이 직접 도와 힘이 된 모양도 같다. 집에 놀러 오는 그들이 하나나 그 풍습을 벗어난 사람이 없다. 아내가 그들이 보이는 모범에서 용기를 얻었을 것은 사실 —— 어떻든 그 날 저녁 그 변모로 나타난 아내의 자태에 비록 놀라지는 않았다고 해도 일종의 신기하고 청신한 느낌을 금할 수 없었던 것은 사실이다. 피곤하던 종래의 인상을 다소간이라도 떨쳐 버린 셈이요. —— 그 모든 아내의 행사는 결국 고달픈 피곤 중에서 벗어나자는 일종의 회복책이었던 것이다. 도회의 피곤에서 향수를 느끼고 잠깐 전원으로 돌아가기로 결심한 그의 해방의 의욕의 표시였던 것이다. 머리를 시원스럽게 자르고 30평을 떠나 넓은 전원의 천지에서 숨을 쉬자는 것이다. 바다로 열린 벌판에서 안개를 받고, 원두꽃을 보고, 풋옥수수를 먹자는 것이다. 내 자신 도회에 지쳐 밤낮으로 그것을 그리워하고 향수를 느끼고 하던 판에 원래부터 찬성하는 바이다. 아내의 전원행은 어느 결엔지 자연스럽게 응낙되었다. 같이 떠나지 못하는 것이 한될 뿐 별수없이 나는 서리우는 향수를 가슴 속에 포개 넣은 채 마음 속으로 시골을 그리는 수밖에는 없게 되었다.

이튿날로 아내는 짙은 옥색으로 단장하고 퍼머넌트를 날리고 홀가분한 몸으로 길을 떠나는 것이었으나 차창에서는 금시 눈물을 머금고 쉬이 돌아올 것을 거듭 말한다. 차가 굽이를 돌 때까지도 작아 가는 얼굴을 창으로 내놓고 손수건을 흔드는 것을 보고는, 그럴 것을 그럼 왜 떠나는구 하는 동정도 솟았으나, 한편 이왕 떠나는 것이니 어서 실컷 시골 맛이나 맡고 몸이나 튼튼해져서 오라고 축수하는 나였다. 호박꽃, 강낭콩 실컷 보고, 옥수수, 숭어 실컷 먹고, 좀 가무잡잡한 얼굴로 돌아오기를 원하는 것이었다. 아내가 간 후 집 안이 텅 빈 것 같고, 30평이 좁기는커녕 넓게만 여겨지면서 휑휑한 느낌을 금할 수 없었으나 그가 돌아오기를 기다리는것도 또한 기쁨이 되었다.

1만 원이니 무어니 도시 아내의 꿈이란 것이 좁은 30평의 세계 속에 묻혀 있게 된 까닭에 포태*된 것인데, 그의 꿈의 실마리도 이 집과 함께 시작된 것이다. 넓은 집을 바라는 곳에서 1만 원의 발설을 알뜰히 명심하게 되었고, 그것이 은연중에 여행의 계획도 된 모양이었다. 행인지 불행인지 아내의 동무들이라는 것이 어찌어찌 모이다 나니 거개 수십만대 급에 가는 유한 부인들로서 퍼머넌트의 실물 교육을 하듯이 이들이 어린 아내에게 사치의 맛과 속세의 철학을 흠뻑 암시해 준 모양도 같다.

이웃에서는 며느리를 가진 안 늙은이들 입에 오르리만큼 소문이 나서 모범 주부로 첫손을 꼽게 된 아내라고는 해도, 아직 스물을 조금밖에는 넘지 않은 어린 나이인 것이라, 속세의 철학에 구미가 안 돌 리가 없다. 물욕에 대한 완전한 초월 해탈이라는 것은 산 속에 숨어 있는 도승에게나 지당할는지 속세에 살면서 그것을 무시하기는 어려운 노릇이어서 적어도 사치 아닌 것보다는 사치에 마음이 기우는 것은 여자 —— 뿐이 아니겠지만 —— 의 본성일 듯도 싶다.

그러나 사치의 한도란 대체 얼마인 것인가? 천에서 만족할 수 있으

* 포태(胞胎) 잉태.

면 백에서도 만족할 수 있으려니와, 천에서 만족하지 못할 때 만에선들 만족할 수 있을까? 필요한 것은 만이나 십만의 한계가 아니요, 천에서라도 만족할 수 있는 심정이 아닐까? 십만대 급의 유한 부인들의 철학을 나는 속으로 비웃으면서 아내의 1만 원의 일 건을 위태하게 여기며 하회를 기다리는 것이었다.

아내의 친가는 결혼 당시만 해도 몇십만 대의 호농으로 시골서는 뽐내는 편이었으나, 그 시기에 농가의 몰락이란 헐어지는 돌담을 보는 것 같이 빠르고 가엾은 것이었다. 재산이라는 것이 대개는 농토나 산림인 것을 무엇을 하느라고인지 은행과 회사에 모조리 넣은 것이 좀체 빠지지는 않아서 우물쭈물하는 동안에 한 몫이 패어 나가기만 했다. 낙엽송의 묘포를 하느니, 자동차 회사를 경영하는 동안에 불끈 솟아오르지는 못하고 점점 쓸어만 가는 것이다. 일찍 아버지를 여의고 어머니와 두 남매 —— 아내와 오빠, 즉 이 오빠의 손에서 가산은 기우는 형세를 당했다. 눈에 보이지 않는 속에서 문덕문덕 나가기 시작한 것이 불과 몇 해가 안 지난 것 같은데 집안은 후출하게 줄어들고 말았다. 도무지 때와 곳의 이를 얻지 못한 것이 보기에 딱할 지경이나, 생각하면 등 뒤에 그 무슨 조화의 실이 이리 당기고 저리 끌면서 농간을 부리는 것만 같아 어쩌는 수 없다는 느낌도 난다. 부근에 제지 회사가 되면서부터 벌목이 성하게 된 까닭에 한 고장의 산이 유망하다고 그것을 잔뜩 바라고 있는 것이나 그것이 10만 원에 팔릴 희망도 지금 같아서는 먼 듯하다. 아내는 오빠에게 이 산에서의 5만 원의 약속을 받은 것이나, 어쩌랴 아내의 꿈은 오빠의 운명과 발을 맞추지 않으면 안 되게 되었다. 지금 당장의 1만 원이란 것도 필연코 읍 부근의 토지의 매매에서 솟을 것인 듯하나, 이 역 운이 대단히 이로워야 차례질 몫일 듯 골패 쪽의 장난같이도 허황한 것이다.

1만 원이나 5만 원의 꿈은 어서 천천히 꾸기로 하고 시급한 건강이나 회복해 가지고 오라고 마음 속으로 축원하고 있을 때, 대망을 품고 고향으로 내려간 아내에게서는 며칠 만에 간단한 편지가 왔다. 대망을 품은 폭으로는 흥분도 감격도 없는 담담한 서면이었다. 어머니의 흰 머리칼이 더 늘었다는 것과, 둘째 조카딸이 예쁘게 자란다는 것을 적어 보낸 것이다. 호박꽃 이야기도 과수원 이야기도 옥수수 이야기도 한 마디 없는 것이요, 도리어 놀란 것은 진찰한 결과 신경 쇠약의 증세로 판명되었다는 것이다. 도회의 병원에서는 증세를 바로잡지 못하는 것이 왜 하필 시골 병원에서 판명된단 말인가. 신경 쇠약의 선언을 받으려고 일부러 시골을 찾은 셈이던가. 만약 말과 같이 신경 쇠약이라면 그 원인을 만든 내 허물이 한두 가지가 아닐 듯해서 애처로운 생각이 났으나 어떻든 병이 병인만큼 일부러 전지 요양도 하는 판에 시골을 찾은 것만은 잘 되었다고 안심도 되었다. 살림 걱정도 잊어버리고 활달한 자연과 벗하고 지내는 동안에 차차 회복될 것으로 생각한 까닭이다. 될 수 있는 대로 오랫동안 지니고 간 약이나 먹으면서 마음 편히 지내기를 나는 회답하면서, 마음 속으로는 과수원도 거닐고, 풋콩도 까고, 조카아이들과 놀고, 거리의 부인들과도 휩쓸리면서 모든 것 잊어버리고 유유히 지내고 있을 그의 자태를 상상해 보는 것이었다.

　뒤를 이어 사흘돌이로 편지가 오는 것이 어느 한 고패를 번기는 법이 없이 —— 한가한 전원의 풍경을 그려 보내느냐 하면 그렇지도 않고 멀리 이 곳 집안의 걱정과 살림살이의 주의를 편지마다 세밀히 적어 보낸다. 생선을 소포로 보내 온다, 편지 봉투 속에 돈을 넣어 보낸다 하면서 면밀한 주의는 가려운 데 손이 닿을 지경이다. 그리고는 이 곳에 대한 끊임없는 걱정과 조바심인 것이다. 향수를 못 잊어 고향을 찾는 그의 마음이니 응당 누그러지고 풀리고 놓여야 할 것임을 그같이 걱정이 자심하고야 누그러지기는커녕 도리어 안타깝게 죄어드는 판이니 그러다가는 병을 고치기는새려 도리어 더치기가 첩경일 듯싶었다. 혹을 떼러

갔다 혹을 붙여 올 것도 같다.

하기는 걱정이라면 내게도 걱정이 없는 것이 아니었고, 무엇보다도 그를 보내고 나니 일상의 불편이 이루 한두 가지가 아님을 당면하게 되었다. 아침 저녁으로 대하는 음식상으로부터 주머니 속에 드는 손수건 하나에 이르기까지가 손이 달라지니 불편하고 맛갈지 않은 것이다. 아내란 상 위의 찌개 그릇이요, 책상 위의 옥편이라고 할까. 무시로 눈에 띌 때에는 심드렁해서 대수롭게 여기지도 않으나, 일단 그것이 그 자리에 빈 때에는 가지가지의 불편이 뼈에 사무치게 알려지면서 그 값을 비로소 깨닫게 된다. 아내 없는 불편을, 더구나 집안을 거느리고 있을 때의 그 불편을 절실히 느껴 가면서 웬만큼 정양하고 그만 돌아왔으면 하고 내 편에서도 느끼게 되었다.

대체 세상에서 마지막으로 편안하고 마음 놓을 곳이 어디인지 아무도 모르는 것일까? 그립고 안심을 얻을 마지막 안식처가 어디요 고향이 어디임을 말해 주는 이 없을 듯싶다. 내가 아내 없는 불편으로 해서 그렇게 안달을 하고 갈망을 하지 않아도 아내 편에서 도리어 조바심을 하고 제 스스로 또다시 돌아온 것이다. 별안간 전보를 치고는 그 날로 떠난 것이었다. 불과 한 달도 못 되어서 협착하다고 버리고 간 도회를 다시 찾아왔다. 그리 원하던 옥수수 시절도 채 못 맞이하고 우유맛이요 어머니 젖맛 같다던 그 즐기는 옥수수 한 이삭 먹어 보지 못한 채, 도회에서는 좀 있으면 피서들을 떠난다고 법석들을 할 무더운 무렵에 무더운 도회로 다시 돌아온 것이다. 향수에 복받쳐 고향을 찾은 그에게 그리운 것이 또 무엇이었던가. 향수란 결국 마지막 만족이 없는 영원한 마음의 장난인 것인가! 말할 것도 없이 아내는 고향에서 두 번째의 향수 —— 도회에 대한 향수를 느낀 것이다. 도회가 요번에는 고향같이만 보였을 것이 사실이다. 시골로 떠날 때와 똑같은 설레고 분주한 심정으로 집을 떠나 30평을 찾아든 것이다. 안타깝고 감질이 나던 30평이 조출하고 알맞은 안식처로 보였을 것이다. 모든 것이 —— 뜰의 꽃 한 포기까지가 새롭고 귀하고 신기한 것으로 보였을 것이다. 집 안의 구석구석이 시골보다도 나은 곳으로 보였을 것이다. 물론 한 해를 살아가는 동안에 피곤해지면 또 시골이 그리워질 것이요, 시골로 갔다가는 다시 또 이 곳을 찾을 것이요, 향수는 차례차례로 나루를 찾은 나룻배같이 평생 동안 그칠 바를 모르는 것이다.

차에서 내리는 아내의 신색*은 떠날 때보다 조금 나아진 것도 같고 도리어 못해진 것도 같다. 퍼머넌트를 날리고 옷맵시가 개운하게 보이는 것은 떠날 때와 일반이나 —— 어쨌든 올 곳에 왔다는 듯 얼굴에는 안도의 빛이 떠오른 것은 사실이다.

"그렇게 푸지게 있을 걸 와 그리 설레긴 했던구."

"어때요. 이만하면 얼굴 좀 그을렸죠? —— 군것질 너무 할까 봐 걱정이 돼서 뛰어왔죠."

"그래 옥수수 먹을 동안두 못 참았어?"

"수염이 바알개지는 걸 보구 왔어요. —— 익거든 철도편으로 두어 푸대 뜯어 보내라구 일러는 두었지만."

"이 가방 속에는 이게 모두 지전으로 —— 만 원이 들어찼으렷다."

"찰 뻔했어요."

아내는 조금 겸연쩍은 듯이 빙그레 웃으면서 재게 걷는다.

"1만 원의 꿈 깨뜨려지도다, 아멘."

"노상에서 자세한 이야기를 드릴 수는 없지만 —— 거리에는 군대가 들어와 양식고가 선다구 땅 시세가 갑자기 올라 발끈들 뒤집혔는데, 철도를 가운데 두구 바른편 터가 군용지로 작정되구 왼편 땅이 미끄러질 줄을 누가 알았겠어요? 바로 작정되는 날까지두 어느 쪽으로

---

* 신색(神色) 정신과 안색. 태도.

떨어질 줄을 몰라 수물거리다가 그 지경이 되구 보니 한편에서는 좋아라구 뛰는 사람, 한편에서는 낙심해서 우는 사람 —— 오빠는 사흘이나 조석을 굶구 헤매는 꼴 차마 볼 수 있어야죠."

"아멘!"

"운이 박할 때는 할 수 없는 노릇 같아요. —— 다음 기회를 노릴 수밖에 어쩌는 수 있나요."

"안 되기를 잘 했지. 옳게 떨어졌다간 그 만 원 때문에 또 무슨 걱정이 생겼게. 그저 없는 것이 제일 편하다나."

사실 당치 않은 꿈 깨어진 것이 도리어 마음 편하고 다행한 노릇이라고 생각한 것은, 물질이 가져오는 자자구레한 근심을 잘 아는 까닭이었다. 현재 굳이 만 원이 없어도 좋은 것이다. 아내가 돌아온 것만으로도 불편하던 집이 펴일 것 같아서 반가웠다. 고기를 놓친 것이 아까울 것도, 애틋할 것도 없이 빈손으로 간 아내가 빈손으로 온 것이 얼마나 시원한 노릇인지 모른다.

"두구 보세요. 다음 기회는 영락없을 테니. 사람의 운이 한 번은 이로울 날 있겠지요."

"암, 꿈이란 자꾸 멀리 다가갈수록 좋은 것이라나. 그렇게 수월하게 잡혀선 값이 없거든."

집에 이르렀을 때 아내는 좁은 뜰 안에 한 걸음 들어서자 만면 희색을 띠고 우거진 꽃 숲을 바라보는 것이었다.

"어느 새 이렇게 만발이야. —— 카카랴, 샐비어, 플록스, 애스터, 달리아, 국화, 해바라기 —— 온통 한창이니."

무지개를 보는 아이와도 같다. 조금 오독갑스럽게 수다스럽게 —— 기쁨이란 그렇게 표현하는 것이 가장 정당한 듯도 싶다. 카카랴의 꽃망울 하나를 뜯어 가지고는 손가락으로 문질러 물을 들이고 향기를 맡고 하는 것이다.

"호박꽃보다 못하지 않지?"

"호박꽃두 늘 보니까 싫증이 났어요. 흡사 새 집 새 세상에 처음으로 온 것만 같아요."

복도로 뛰어올라서는 공연히 방 안을 서성거리며, 부엌을 기웃거리며, 마루방을 쿵쿵거리며, 현관문을 열어 보며, 제기를 디디고 언덕 아래 강을 굽어보며 —— 흡사 새 집으로 처음 들어온 신부의 날뛰는 양이다. 집을 한 바퀴 휑하니 살펴보고야 비로소 안심한 듯이 방에 와 앉으면서 놓이는 마음에 잠시는 어쩔 줄을 모르고 멍하니 뜰을 내다본다.

"다시는 시골을 간다구 발설을 하구 법석을 않으렷다."

"시골을 다녀왔으니까 오늘의 이 기쁨이죠. —— 맘이 이렇게 편하구 기쁠 데는 없어요."

그 즉시로 신경 쇠약증이 떨어져 버린 듯이도 건강한 신색의 기쁨을 담고는 새로운 감동의 발견에 마음이 흐뭇이 차 있는 모양이었다. 그가 그 날 찾아온 데는 30평의 집이 아니라 3만 평의 집이었는지도 모른다. 그 날의 그보다 더 기쁠 사람이 또 있었을까?

수탉

    을손은 요사이 울적한 마음에 닭 시중도 게을리하게 되었다. 그 알뜰히 기르던 닭들이 도무지 눈에도 들지 않으며 마음을 당기지 못하였다. 모이는 새려 뜰 앞을 어른거리는 꼴을 보면 나뭇개비를 집어들게 되었다. 치우지 않은 우리 속은 지저분하기 짝없다.

    두 마리를 팔면 한 달 수업료가 된다. 우리 안의 수효가 차차 줄어짐이 그다지 애틋한 것은 아니었다. 도리어 제때 가질 운명을 못 가지고 우리 안을 헤매는 한 달 동안의 운명을 벗어난 두 마리의 꼴이 눈에 거슬렸다. 학교에 안 가는 그 한 달 수업료가 늘려진 것이다.

    그 두 마리 중에서도 못난 한 마리의 수탉 ——. 가장 초라한 꼴이었다. 허울이 변변치 못한 위에 이웃집 닭과 싸우면 판판이 졌다. 물어뜯긴 맨드라미에는 언제 보아도 피가 새로이 흘러 있다. 거적눈인데다 한쪽 다리를 전다. 죽지의 깃이 가지런하지 못하고 꼬리조차 짧았다. 어떤 때면 암탉에게까지 쫓겼다. 수탉 구실을 못하는 수탉이 보기에도 민망하였으나 요사이 와서는 민망할 정도를 넘어 보기 싫은 것이었다. 더구나 한 달의 운명을 우리 안에 더 붙이게 된 것이 을손에게는 밉살스럽고 흉측스럽게 보일 뿐이었다.

학교에 못 가는 마음이 몹시 답답하였다.

능금을 따고 낙원을 쫓긴 것은 전설이나 능금을 따다 학원을 쫓긴 것은 현실이다.

농장의 능금은 금단의 과실이었다.

을손들은 그 율칙을 어긴 것이다.

동무들의 꾀임에 빠졌다느니보다도 을손 자신 능금의 유혹에 빠졌던 것이다. 능금은 사치한 욕망이 아니다. 필요한 식욕이었다.

당번은 다섯 명이었다. 누에를 다 올린 후이라 별로 할일없이 한가하였던 것이 일을 저지른 시초일는지 모른다. 잡담으로 자정이 되기를 기다렸다가 일제히 방을 나가 어둠 속에 몸을 감추고 과수원의 철망을 넘었다.

먹다 남은 것을 아궁이 속에 넣은 것은 감쪽같았으나 마지막 한 개를 방구석 뽕잎 속에 간직한 것이 실책이었다.

이튿날 아침 과수원 속의 발자취가 문제되었을 때 공교롭게도 뽕잎 속의 그 한 개가 발견되었다.

수색의 길은 빤하다. 간밤에 다섯 명의 당번이 차례로 반 담임 앞에 불리게 되었다.

굳게 언약을 해놓고서도 어느 때나 마찬가지로 그 어디로부터인지 교묘하게 부서진다. 약한 한 사람의 동무의 입에서 기어이 실토가 된 모양이었다. 한 사람씩 거듭 불려들어갔다.

두 번째 호출이 시작되있을 때 을손은 괴상한 곳에 있었다.

몸이 무거워 그 곳에 들어간 것이 아니라 얼마 동안의 귀찮은 시간을 피하려 일부러 그런 곳을 고른 것이었다.

한 사람이 들어가 간신히 웅크리고 앉았을 만한 네모진 그 좁은 공간

——. 거북스럽기는 하여도 가장 마음 편한 곳도 그 곳이었다. 그 곳에 앉았으면 마치 바닷물 속에 잠겨 있는 것과도 같이 몸이 거뿐한 까닭이다.

밖 운동장에서는 동무들의 지껄이는 소리, 웃음소리, 닫는 소리에 섞여 공 구르는 가벼운 소리가 쉴새없이 흘러와 몸은 그 즐거운 소리를 타고 뜬 것 같다.

을손은 현재 취조를 받고 있을 당번의 동무들과 자신의 형편조차 잊어버리고 유유히 주머니 속에서 담배를 한 개 집어 내서 불을 붙였다. 실상인즉 담배도 능금과 같이 금단의 것이었으나 율칙을 어김은 인류의 조상이 끼쳐 준 아름다운 공덕이다. 더구나 그 곳에서 한 모금 피우기란 무상의 기쁨이라고 을손은 생각하는 것이었다.

이것도 그 곳의 특이한 풍속으로 벽에는 옷을 입지 않을 때의 남녀의 원시적 자태가 유치한 필치로 낙서되어 있다. 간단한 선 서투른 그림이면서도 그것은 일종의 기쁨이었다.

을손도 알 수 없는 유혹을 받아 주머니 속에서 무딘 연필을 찾아 향기로운 연기를 길게 뿜으면서 상상을 기울여 그림을 그리기 시작하였다.

능금을 먹은 뒤에 담배를 피우며 낙서를 하며 —— 위반을 거듭하는 동안에 을손은 문득 학교가 싫은 생각이 불현듯이 들었다. —— 가령 학교에서 능금 딴 제자를 문초한 교사가 일단 집에 돌아갔을 때 이웃집 밭의 능금을 딴 어린 아들을 무슨 방법으로 처벌할 것이며 그 자신 능금을 따던 소년 시대를 추억할 때 어떤 감상과 반성이 생길 것인가. 또 혹은 학교에서 절제의 미덕을 가르치는 교사 자신이 불의의 정욕에 빠졌을 때 그 경우는 어떻게 설명하여야 옳을 것인가. —— 마치 십계명을 설교하는 목사 자신이 간음의 죄에 신음하는 것과도 흡사한 그 경우를.

가깝게 생각하여 특수한 과학과 기술을 배워야 그것을 이용할 자신의 농토조차 없는 형편이 아닌가.

변변치 못하다. 초라하다. 잔단 보수를 바라 이 굴욕을 받는 것보다는 차라리 좁고 거북한 굴레를 벗어나 아무 데로나 넓은 세상으로 뛰고 싶다.

을손의 생각은 고삐를 놓은 말같이 그칠 바를 몰랐다.

아마도 오래 된 듯하다.

하학 종소리가 어지럽게 울렸다.

이튿날 아버지는 단벌의 나들이 두루마기를 입고 학교에 불리웠다.

무기 정학의 처분이었다.

아버지는 어안이벙벙한 모양이었다. —— 정든 아들을 매질할 수도 없었으므로.

을손은 우리 안의 닭을 모조리 홀두드려 팔아 가지고 내빼고 싶은 생각이 불같이 났으나 그것도 할 수 없어 빈손으로 집을 떠났다.

이웃 고을을 헤매다가 사흘 만에 다시 집으로 돌아왔다.

밭일도 거들 맥없어 며칠은 천치같이 보낼 수밖에 없었다.

우리 안의 닭의 무리가 눈에 나보였다. 가운데에서도 못난 수탉의 꼴은 한층 초라하다. 고추장에 밥을 비벼 먹여도 이웃집 닭에게 지는 가련한 신세가 보기에도 안타까웠다.

못난 수탉, 내 꼴이 아닌가……을손은 화가 버럭 났다.

한가한 판이라 복녀와는 자주 만날 수는 있는 처지였으나 겸연쩍은 마음에 도리어 주저되었다.

을손의 처분을 복녀는 확실히 좋게 여기지는 않는 눈치였다.

복녀는 의지의 여자였다. 반 년 동안의 원잠종 제조소의 견습생 강습을 마친 터이라, 오는 봄부터는 면의 잠업 지도생으로 나갈 처지였다. 건듯하면 게을리되는 을손의 공부를 권하여 주고 매질하여 주는 복녀였다. 학교를 마치면 맞들고 벌자는 언약이었으나 을손의 이번 실수가 복녀를 실망시킨 것은 확실하였다. 무능한 사내——. 복녀에게 이같이 의미없는 것은 없었다.

하루 저녁 복녀를 찾았을 때 을손에게는 모든 것이 확적히 알렸다.

나온 것은 복녀가 아니요 복녀의 어머니였다.

"앞으론 출입도 피차에 잦지 못하게 될 것을 생각하니 섭섭하기 그지없네."

뜻을 몰라 우두커니 서 있으려니 복녀의 어머니는 말을 이었다.

"기어이 알맞은 사람을 하나 구해 봤네."

천근 같은 무쇠가 등골을 내리쳤다.

"조합에 얌전한 사람이 있다기에 더 캐지도 않고 작정하여 버렸어."

복녀는 찾아볼 생각도 못하고 을손은 허전허전 뛰어나왔다.

"복녀의 뜻일까 춘향모의 짓일까."

물을 필요도 없었다.

눈앞이 어둡고 천지가 헐어지는 것 같았다.

며칠 동안은 눈에 아무것도 어리우지 않았다.

앙상한 밤송이 같은 현실.

한 달이 넘어도 학교에서는 복교의 통지도 없다.

저녁때였다.

닭이 우리 안에 들어 각각 잠자리를 차지하였을 때 마을갔던 수탉이 어슬어슬 돌아왔다.

또 싸운 모양이었다. 찢어진 맨드라미에는 피가 생생하고 퉁겨진 쭉지의 깃이 꺼꾸로 뻗쳤다.

다리를 저는 것은 일반이나 걸어오는 방향이 단정치 못하다. 자세히 보니 눈이 한쪽 찌그러진 것이었다. 감긴 눈으로 피가 흘러 털을 물들였다.

참혹한 꼴이었다.

측은한 생각은 금시에 미움의 감정으로 변하였다. 을손은 불 같은 화가 버럭 났다.

'그 꼴을 하고 살아서는 무엇해.'

살기를 띤 손이 부르르 떨렸다. 손에 잡히는 것을 되구말구 닭에게 던졌다.

공칙하게도 명중되어 순간 다리를 뻗고 푸득거리는 꼴에서 을손은 시선을 피해 버렸다. 끊었다 이었다 하는 가엾은 비명이 을손의 오장을 뒤흔들어 놓는 듯하였다.

황제

 ……어둡다 요란하다 우렛소리 번갯불 바람은 천지를 쓸어 가련 건가 구름은 우주를 뭉개 버리련 건가 파도 소리 저 파도 소리 절벽을 물어뜯는 저놈의 파도 소리 수십 길 절벽을 뛰어넘어 이 집을 쓸어 가려는 듯 차라리 쓸어 가 버려라 집까지 섬까지 한 모금에 삼켜 버려라 오늘은 어인 일고 아침부터 이 바람 소리 파도 소리 오월이라 며칠이냐 날짜까지 까마아득 내 세월을 잊고 지낸 지 오래거니 이 외로운 섬에서 롱웃의 쓸쓸한 언덕에서 세월을 잊은 지 오 년이라 육 년이라 지내 온 세상 일이 벌써 등 뒤에 아득하게 멀구나 자연이 무심할쏘냐 그대만이 나를 알아 주누나 내 마지막을 일러 주누나 오늘의 그대의 이 뜻을 내 모를 바 아니요 이 어두운 천지의 조화와 부질없는 대서양의 파도 소리가 무엇을 재촉하는지를 내 모를 바 아니다 오늘이 올 것을 마음 속에 생각하고 있었고 기다리고 있었다 며칠 전에 섬 위로 쏜살같이 혜성이 떨어짐을 내 보았으니 옛적 시저가 세상을 떠날 때 떨어지던 그 혜성이 이 섬에 떨어짐을 보았으니 내 무엇을 모르랴 그러나 내 무엇을 겁내랴

'광야의 사자' 인 내 감히 무엇을 겁내랴 차라리 이 불측한 곳을 한시바 삐 떠나고 싶다 이 무례한 고장을 얼른 떠나고 싶다.

해발 이천 척의 언덕 위에 덩그렇게 올려놓은 이 나무집 병영으로 쓰이던 낡은 집 일 년이면 아홉 달은 바람과 비에 늙어지고 나머지 석 달은 복닥 더위에 배겨 낼 수 없는 오랑캐 땅 땡볕과 바람 속에서는 초목 한 포기 옳게 자란단 말인가 자연의 정취는커녕 말동무조차 없는 열대의 이 호지 —— 사람을 죽이는 땅이다 꽃 시들어 버리는 땅이다 나를 이 곳으로 귀양보낸 건 필연코 피트의 뜻이렷다 무더운 바람으로 사람을 죽이자는 셈 템스 강가에 사는 그 불측한 놈들이 아니고는 이런 잔인 무도한 짓은 못할 것이다 나를 학살함은 영국의 귀족 정치이다 영국놈 같이 포악 무도한 인종이 세상에 있을까 내게 처음부터 거역한 것도 그놈들 내 평생에 파멸을 인도한 것도 그놈들 그놈들에 대한 원한은 골수에 젖어들어 자나깨나 잊을 날이 없다 불측하고 무례한 허드슨 로 —— 이런 놈에게 나를 맡기는 행사부터가 글렀지 이놈은 사람의 예를 분별하지 못하는 놈이야 이만 파운드의 연액을 팔천 파운드로 깎다니 음식을 옳게 가져온단 말인가 신문과 잡지를 보인단 말인가 시종들과의 거래를 금하고 구라파로 보내는 편지를 몰수해 버리고 그 즐기는 승마까지를 금하는 모두가 로의 짓 불측한 영국놈의 짓 나라 사귐이 깊다고 시의 오메아라를 쫓고 라카스를 쫓고 굴고드를 멀리한 것도 그놈의 소위 내 기르는 시졸들을 위해 지니고 왔던 그릇까지를 팔게 한 것도 그놈의 짓인 것이다 그러나 참을 수 없는 한 가지의 모욕은 —— 나더러 장군 보나파르트라구 내 일찍이 이런 모욕을 받아 본 일이 없으니 분수를 모르고 천리를 그르치는 놈이지 징군 보나파르트라니 영국놈이 무엇이라고 하든지 간에 나는 황제 나폴레옹*이다 황제인 것이다 지금에

---

* **나폴레옹**(Napoleon, Bonaparte) 프랑스의 황제. 포병 장교로 시작하여 점차 두각을 나타내고 결국 황제의 자리에 올랐음.(1769~1821)

나폴레옹

도 변함없는 황제인 것이다. 천년 만년에 한 사람 태어나는 뭇 별 중에서 제일로 빛나는 제왕성 황제로 태어나 황제로 끝을 막는 것이다 코르시카*의 집안에 태어난 가난뱅이 귀족의 후예가 아닌 것이다 잠시 그 집의 문을 빌렸을 뿐 천칠백육십구년 팔월 십오일 —— 이 날은 세상의 뭇 백성이 영원히 기억해 두어야 할 날 이 마리아 승천절날 태후 레티사 나를 탄생하시매 침대 요 위에는 시저와 알렉산더의 초상이 있어 스스로 제왕의 선언을 해 주다 천팔백삼년 오월 십팔일 백성들은 드디어 내 제왕의 몸임을 발견하고 황제로 받들었다 원로원은 공화제를 폐지하고 전국민의 뜻 삼백오십칠만 이천삼백이십구 표의 투표로써 황제로 추대하매 로마에서는 법왕이 대관식을 거행하러 몸소 파리로 왔고 십이월 이일 튀일리 왕궁에서 노트르담*으로 이르는 십오 리 장간의 길을 보병이 늘어서고 일만의 기병이 팔두 마차의 전후를 삼엄하게 경계하는 속으로 위풍이 당당하게 거동할 때 연도의 군중은 수백만 은은한 축하의 포성과 백성들의 기쁨의 부르짖음으로 파리의 시가는 한바탕 뒤집힐 듯 그 귀한 날을 얼마나 축복했던고 내 조세핀*과 함께 노트르담에 이르자 나선형의 스물한 층의 층계 그 위에는 진홍빛 용합을 둘러친 옥좌가 놓여 내 그 날 있기를 기다리지 않았던가 조세핀과 함께 층계를 올라가 옥좌에 나란히 걸치매 문무 백관 시종과 시녀 엄숙히 읍하고 있는 속으로 삼백 명으로 된 합창대의 찬송가가 궁을 떠들어갈 듯 장엄하게 울려올 때 백성들은 비로소 그들의 황제를 찾아 낸 것이다 내 마음 기쁘고 만족해서 몸에 소름이 치고 가슴에 감격이 넘치다 법왕이 왕관

* **코르시카**(Corsica) 이탈리아 서부 제노바 만의 남쪽에 있는 프랑스령의 섬. 나폴레옹의 출신지임.
* **노트르담**(Notre Dame) 노트르담 대성당. 파리의 시테 섬에 있는 프랑스의 고딕 건축을 대표하는 큰 성당.
* **조세핀**(Josephine Bonaparte) 나폴레옹의 첫 아내. 나폴레옹의 대관식에 함께 참여, 황후가 됨.(1763~1814)

노트르담 대성당

을 받들고 내 앞에 나오매 내 그것을 받아 가지고 하늘의 주 내게 이것을 보내다 나 이외에 아무도 감히 이것을 다칠 수 없도다.

외치고 스스로 머리에 얹고 이어 조세핀에게도 손수 국모의 관을 이어 주었으니 이것으로써 구라파*에 새로운 천지가 탄생되었고 주가 황제로서 나를 땅 위에 보냈음이 인류의 역사와 함께 영원히 지울 수 없이 하늘과 땅과 인류의 마음 속에 새겨진 것이다 이 날부터 한 달 동안 불란서*의 천지는 뒤집힐 듯 상하 축하의 잔치에 정신이 없었고 해를 넘어 오월 미란에 거동해 이태리* 왕위에 오르고 리그리아 공화국과 시스알비나 왕국을 합쳤으니 나는 불란서뿐이 아니라 전구라파 천지에 군림하게 되었다. 구라파의 황제의 위에 오른 것이다 군소의 뭇 토끼들이 사자의 앞에 숨이나 크게 쉬었으랴 내 위엄 앞에서 구라파는 떨고 겁내고 정신을 잃었다 불측한 것이 영국, 내 위를 소홀히 하고 예를 잃고 거역하고 끝까지 화살을 던져 온 발칙한 백성 —— 바다 건너 이 섬나라를 내 어찌 다 원망하고 저주하리 내 황제임을 거역하고 배반하는 분수를 모르고 천리를 그르친 백성들이지 장군 보나파르트라니 그놈들이 무엇이라고 하든지간에 나는 황제 나폴레옹이다 황제인 것이다 영원히 —— 지금에도 변함없는 황제인 것이다.

섬에서 병을 얻은 지 이태 몸 고달프고 마음 어지러워 전지 소풍을 원하나 목석 같은 악한 로는 종시 들어 주지 않는다. 내 목숨이 진한 후 유골이나마 사랑하는 불란서 센 강 언덕에 묻어 주기를 원하나 이 역 그 무도한 백성이 들어 줄 것 같지는 않다 백만의 군졸을 거느리고 구라파의 천지를 뒤흔들던 이 내 힘으로 이제 한 사람의 냉혈한* 로의 뜻을 휘이지 못함은 어인 일고 내게 왕관을 보내고 황제로 택하신 주여

＊ **구라파**(歐羅巴) '유럽' 의 한자음 표기.
＊ **불란서**(佛蘭西) '프랑스' 의 한자음 표기.
＊ **이태리**(伊太利) '이탈리아' 의 한자음 표기.
＊ **냉혈한**(冷血漢) 몰인정한 사나이.

이제 내게 영광을 거절하고 욕을 줌은 어인 일고 원하노니 그 뜻을 말하소 우주의 비밀을 말하소 하늘의 조화를 말하소 그대의 뜻이 무엇을 원하고 무엇을 기하관대 인간사를 이렇게 섭리하는고 영광은 오래 가지 말란 건가 기쁨은 물거품같이 꺼지란 건가 '영원'의 법칙은 공평되지 못하단 건가 변화와 무상이 우주의 원리란 말가 주 그대에게도 미움이 있고 질투가 있단 말인가 사랑이 지극하듯 미움도 지극하단 말인가 천재를 만들고 이를 질투하듯 영웅을 낳아 놓고 이를 질투한단 말가 원하노니 비밀을 말하소 조화를 말하소 내 그대의 뜻을 몰라 얼마나 마음 어지럽고 몸 고달프게 이 날 이 마지막 시간까지 의심과 의혹의 세상을 헤맴을 안다면 내게 말하소 —— 나무와 무명으로 얽어 놓은 이 낡은 침대 —— 이것이 황제의 침대여야 옳단 말가 진홍빛 용합은 못 둘러 칠지언정 황제의 몸을 용납하기에 족한 것이어야 할 것을 이 나무와 무명의 침대는 어인 일고 주여 그대도 보았으리니 무도한 로의 인색함에 못 견디어 지난 겨울 한 대의 침대를 도끼로 쪼개어 불을 피우고 추위를 막지 않았던가 둘밖에 없는 창에는 검은 무명 휘장이 치었으니 황제의 거실의 치장이 이것으로 족하단 말가 창틈으로는 구름이 엿보고 빗발이 치고 바람이 새어드니 이것으로 제왕의 품위를 보존하기에 족하단 말가 병에는 벌써 한 방울의 포도주도 없고나 이것도 인색한 로의 짓 날마다의 포도주의 분량을 덜어 버린 것이다 우리 안의 짐승에게 던져 주는 음식의 분량같이 일정한 분량을 제 마음대로 정한 것이다 왕을 대접하는 도리가 이것이다 이 곳은 왕이 살되 왕이 살 곳이 아니며 전부 야인의 거처하는 곳도 이보다는 나으렷다 왕을 이같이 무시하는 자 그들이 옳을 리가 없으며 그 어느 때 천벌이 없을 건가 불란서 백성이 조석으로 전전긍긍 외이고 복종하던 윤리 문답에 비추면 그들은 응당 지옥가음이다 —— '우리들의 황제에 대한 의무를 결하는 자는 사도 바울에 의하면 주께서 결정한 율법을 물리치는 자로서 영원의 지옥에 빠

질 것이니라.'

생각나는 건 지나간 영광의 나날 —— 튀일리 궁중의 생활 —— 궁전은 화려하고 장엄한 설비와 치장을 베풀었으나 내 자신의 생활은 검박해서 말 한 필과 일 년에 일천이백 프랑만 있으면 유쾌하게 지낼 수 있음을 입버릇같이 외이면서 그러나 주위는 될 수 있는 대로 화려하게 해서 제왕으로서의 위엄을 보이고 조화를 지니기에 넉넉한 것이었다 평생 네 시간 이상을 자 본 일이 없는 나는 오전 일곱 시면 반드시 기침해 시의* 콜비살의 건강 진단을 받고 다음에 목욕 —— 목욕은 가장 즐겨하는 것 끝나면 솔로 전신 마찰을 하고 수염을 밀고 아홉 시에 예복을 입고 등각, 대신 이하 문무 백관을 열람식을 마치고 아침 식사 포도주와 커피 한 잔씩을 마시고 나면 하루의 정사가 시작된다 비서 부리엔이나 마느발이나 펜을 데리고 서재나 국무원에서 국가 경륜의 대책을 초잡고 궁리하고 의논하고 만찬 후에는 조세핀의 방에서 무도회 —— 내 침실을 지키는 건 여섯 사람 이웃방에 롱스탕이 숙직 그 다음 방에 시종 두 사람 사환 두 사람 마부 한 사람의 여섯 사람 —— 말메송 별장에서의 조세핀과의 즐거운 생활의 가지가지 조세핀의 일 년 세액은 삼백만 프랑 의복 칠백 벌 모자 이백오십 보석 일천만 프랑 화장의 비용 삼천 프랑 그의 곁을 모시는 여관 백 명 —— 그러나 이것도 루이 16세의 왕후 마리 앙투아네트*의 생활에 비기면 검박하기 짝없는 것 —— 모든 범절이 질소하면서도 늠름한 위풍을 보인 것이 튀일리 궁중의 생활이었다 백성들은 내 작성한 윤리 문답을 알뜰히 외우고는 나 황제에 대한 의무를 추상같이 엄하게 여겼다.

기독교도는 그들을 통치하는 뭇 군주에게 특히 우리들의 황제 나폴

---

* 시의(侍醫) 궁중에서 임금과 왕족의 진료를 맡아 보는 의사.
* 마리 앙투아네트(Marie Antoinette) 프랑스 왕 루이 16세의 왕후. 지나치게 사치한 생활을 하여 사람들의 빈축을 삼. 프랑스 혁명 때 처형됨.(1755~1793)

레옹 일세에 대해서 바쳐야 할 것은 사랑 공경 순종 충성 병역의 의무와 제국 급 그의 제위를 유지하고 옹호함에 필요한 세금 이것이다 우리로 하여금 특히 우리들의 황제 나폴레옹 일세와 연결시키는 동기는 무릇 그야말로 국가 다난의 시대를 당하여 우리들의 선조의 신성한 종교의 일반적 숭배를 부활시키고 그 보호자를 삼기 위해 주께서 특히 선택하신 사람 그 심원하고 활동적인 지혜로 백성의 질서를 회복하고 그것을 유지한 사람 그 위풍 있는 수단과 힘으로써 국가를 옹호한 사람 그리고 전 가톨릭 교회의 수장인 법왕에게서 성별을 받고 주께서 도유를 받은 사람인 까닭이므로나.

그러나 그러면서도 내게는 한 가지 불만이 있었던 것이다 비록 그 최고의 선택된 자리에 있기는 하나 시대가 시대라 내 하늘의 아들이니라고는 자칭할 수 없었던 것이다 알렉산더*는 동방을 정복하고 스스로 제우스*의 아들이라고 선언했을 때 그의 모 아틴파스 그의 스승 아리스토텔레스*와 아테네*의 학자들을 제외하고는 동방의 모든 백성이 그것을 믿었다 그러나 그것은 옛일 지금엔 벌써 내 스스로 제우스의 아들이라고 일컬을 수는 없다 이것이 나의 불만이라면 불만이었다 하늘의 아들 못 되는 불만이지 황제로서의 불만은 아니다 알렉산더와 시저를 넘던 그 내 위풍 해같이 빛나고 바람같이 세차고 힘 산을 뽑고 뜻 세상을 덮고 날으는 새까지 떨어뜨리던 그 위엄과 세력 지금 어디메 갔느뇨 그 십 년의 영화와 이십 년의 과거가 하룻밤 꿈이런가 한 장의 요술이런가 꿈과 요술이 잠시 이 몸을 빌어서 나타난 것인가 요술을 받을 때의 몸

---

* 알렉산더(Alexander) 마케도니아의 왕. 그리스 평정 후 페르시아를 정복, 나아가 인더스 강에 이르는 대 제국을 건설함.(기원전 356~기원전 323)
* 제우스(Zeus) 그리스 신화에 나오는 최고의 신.
* 아리스토텔레스(Aristoteles) 고대 그리스의 철학자.(기원전 384~기원전 322)
* 아테네(Athenae) 고대 그리스를 대표하는 도시 국가.

알렉산더

과 지금의 이 몸이 다른 것과 지금의 이 머리 바로 이 위에 왕관이 오르지 않았던가 이 입으로 삼군을 호령하지 않았던가 이 팔로 이 주먹으로 장검을 휘두르지 않았던가 이 몸이 튀일리 궁전 용상에 오르지 않았던가 그 몸과 이 몸이 다른 것인가 지금 이 몸은 이 살은 이건 허수아비인가 모르겠노라 비밀의 문 내게 닫혀졌고 세상이 내게 어둡도다 섬의 날은 음산하고 대서양의 바람은 차다 사면을 둘러싼 망망한 바다 가이없는 그 너머를 바라볼 때 마음 차지고 눈이 아득하다 그 바다 너머로 하루 한시라도 마음 달리지 않은 적 있었던가 달과 함께 바람과 함께 파도를 넘어서 항상 달리는 곳은 바다 저 쪽 몸은 이 곳에 있어도 마음은 그 곳에 하루에도 몇 차례씩 억만 리 길을 쏜살같이 달려 다뉴브 강 언덕을 피라미드 기슭을 이태리의 벌판을 눈 쌓인 아라사*의 광야를 헤매다 번개같이 파리의 교외로 달리다가는 금시에 코르시카의 강산으로 날다 나를 길러 준 보금자리 그리운 코르시카의 강산 고향인 아작시오의 항구 따뜻한 어머니의 애정 —— 아니 태후 레티사 —— 아니 어머니 —— 태후이든 무엇이든 어머니임에 틀림없다. 태후라느니보다는 나는 지금 어머니라고 부르고 싶은 것이 음산하고 황량한 이 섬 속에서는 어머니라고 부르는 것이 정다운 것이다 쓸쓸하고 쓰라린 속에서 제일 많이 생각나는 것은 어머니의 자태 어머니의 애정 그의 품은 결국 내 영원한 고향이다.

옛적의 장군 홀레펠네스는 여자를 멸시하고 어머니를 무시했으나 그릇된 망상 예수도 어머니에게서 난 아들 알렉산더 시저도 어머니가 있은 후에 생긴 몸 내게도 어머니가 있음은 치욕이 아니요 영광이다 인자하고 용감스런 여걸인 어머니 조국 코르시카의 독립과 혁명을 위해서는 그의 뛰는 심장 아래에 나를 밴 채 손에 칼을 들고 출진하지 않았던

* 아라사(俄羅斯) 노서아, 곧 '러시아'를 이전에 이르던 말.

가 일찍이 내게 가르치기를 사람의 앞에 굴하지 말라 다만 주 앞에만 머리를 숙이라고 —— 나는 평생에 사람 앞에 머리를 숙인 적이 없다 —— 단 한 번 숙인 일이 있다면 천칠백팔십오년 열일곱 살 때 라펠 연대에 불란서 주둔병 포병 소위로 승급되었을 때 월급은 근근 사십 원 가난뱅이 사관같이 해먹기 어려운 노릇은 없어서 사교계에 나서야 된다 몸치장을 해야 한다 양복도 사야 하구 장화도 맞춰야 하구 하는 수 없이 양복 장수에게 한 번 머리를 숙인 일 —— 이것이 전무후무 단 한 번의 굴복이었다 굴복이라느니보다는 생각하면 즐거운 추억의 한 토막 —— 조그만 추억의 실마리에도 어머니의 기개와 품격이 서리어서 그를 그리는 회포 더욱 간절하구나 어머니는 내게 허다한 진리와 모범을 드리웠고 나는 과거의 모든 것을 전혀 그에게서 힘입었다 어머니는 내 영광의 보금자리요 마음의 고향 낯설은 타향에 부대끼는 고달픈 마음에 서리는 향수 —— 그것은 어머니에게로 향하는 회포이기도 하다.

고향 —— 마음의 고향이라면 어머니의 다음에 그리운 것은 역시 조세핀 무어니 무어니 해도 내게는 잊을 수 없는 여자이다 무슨 소문을 내고 어떤 풍문을 흘렸던간에 점차 나를 정성껏 사랑했음은 사실이며 나 역시 그를 영원히 잊을 수 없다 아름답고 요염한 걸물 세상이 넓다 해도 그에게 비길 여자 없다 내게 행복을 준 것은 조세핀 바로 그대 잊기나 할쏘냐 파리의 혁명이 지나 폭동을 진정시킨 후 파리 주둔병 사령관의 임명을 받자 즉시로 시민들의 무기를 압수했을 때 그 속에 한 자루의 피 묻은 칼이 있었으니 그것이 그대와 나와의 인연을 맺어 줄 줄야 꿈엔들 생각했으랴 하룻밤 유젠이라는 소년이 와서 돌아간 아버지의 유검이라고 그것을 원한다 단두대의 이슬로 꺼져 버린 지롱드 당의 지사 보알제의 유검이었던 것이다 비록 원수의 사이라고는 해도 소년의 자태가 가엾어서 칼을 내주며 어린 마음에 감격되어 그 자리로 눈물을 흘리더니 이튿날 내 호의를 사례하러 찾아온 것이 보알제 미망인 삼십 전후의 조세핀이었던 것이다. 유분으로 얼굴을 치장하지는 않았어도 그 초초하고 검박한 근심에 싸인 자태가 스물일곱 살의 내 마음을 흠뻑 당겼다 사교계에서 거듭 만나는 동안에 마음에 작정한 바 있어 천칠백구십육년 삼월 십구일 바라의 알선으로 드디어 결혼해 버렸다 왕위에 올라 내 손에서 여왕의 관을 받을 때까지 그의 행실이 어쨌든지간에 내게는 조강의 아내였고 왕위에 오른 후부터 내게 대한 사랑이 더욱 극진해 갔음을 나는 안다 튀일리 궁전에서 혹은 말메송의 별장에서 가지가지 즐거운 추억의 씨를 뿌려 주었다 흡사 수풀 속의 샘물 같아서 길어 내고 길어 내도 다하지 않는 그런 야릇한 매력을 가진 그였다 확실히 그는 여걸이요 천재였다 내가 그를 이혼한 것은 그에게 대한 사랑이 진한 까닭은 아니었고 자나깨나 마음 속에서 서리어오는 위대한 욕망 채우지 않고는 견딜 수 없는 원 —— 이것이 나로 하여금 그를 버리게 했다.

불란서의 이익을 위해서 그에게 대한 애정을 베어 버리지 않으면 안되었던 것이다. 왕위를 이으려면 왕자가 필요한 것이나 조세핀에게서 그것을 바랄 수 없음은 그나 내나 다같이 아는 바 드디어 조세핀이여 그대 내 뜻을 굽히지 말라고 원했을 때 그는 슬픔과 절망을 못 이겨 그 자리에서 기절을 했겠다 보알제의 유자 올탕과 유젠이 어미를 위로해 주었겠다. 천팔백구년 십이월 십오일 이혼식을 거행한 후 몇 달 장간을 울어서 그는 눈에 보이지 않았더라고 내 엘바 섬에 흐르는 날 병석에 누운 것이 종시 못 일어나고 오월 삼십일 내 초상을 부둥켜안고 마지막 작별을 하고 그 날 저녁으로 세상을 버렸다는 것이다 가엾다 나를 얼마나 원망하고 저주했을까 그러나 그의 자태가 내 마음 속에 이렇게 생생하게 지금껏 살아 있는 이상 마지막까지 마음의 고통이 삐지 않았고 사랑의 실마리가 얽혀 있음은 사실 그에게 비길 여자는 없다 내게 행복을 준 것은 그대 조세핀이었던 것이다 이제 특히 그대에 대한 생각이 간절

함은 그 까닭이다 그대의 뒤를 이어서 황후로 들어선 오지리*의 공주 마리 루이즈 —— 이를 맞이한 것은 비록 정책에서 온 것이라고는 하더라도 당시에 백성들이 상심하고 통탄히 여겼던 것 같이 나의 큰 실책이요 만려의 일실*이었던가.

그 후의 정사에 어떤 변동이 생기고 역사가 어떻게 변했던지간에 나는 아무도 모르는 루이즈의 여자로서의 면을 아는 것이다 이것이 내게는 가깝고 친밀하고 귀중한 것도 된다 당시 열여덟 살 건강하고 혈색이 좋고 무엇보다도 내 마음을 당긴 것은 그 푸른 눈 하늘빛같이 푸른 눈 품성이 냉정은 하나 그다지 억센 편은 아니어서 적국의 공주이면서도 불란서에 들어서는 역시 불란서 사람 내 아내로서 원망도 분한*도 잊어 버리고 원만한 부부의 사이였던 것이다. 조세핀만큼 다정하지는 못하나 남편을 섬기는 도리는 극진해서 부부 생활로 볼 때 나는 그를 조세핀보다 얕게 칠 수는 없다. 여자란 쪼개 보고 헤쳐 보면 다 같은 것 그에게 비록 조세핀의 재기가 없고 프러시아 왕후 루이제의 고상한 이상은 없었다고 해도 단순한 여자로서의 일면에 있어서는 그들과 같은 것 나는 내 황후에게서 그 여자의 면을 구하면 되었지 그 이상의 것은 도시 귀찮은 것 이 점에서 나는 그를 조세핀과 같은 정도로 사랑할 수 있었고 지금에도 역시 내 황후임에는 틀림없어 가장 먼저 생각나는 것은 그이다.

지금 어디서 어떻게 하고 있을 것인고 나의 가장 가까운 가족인 그가 나의 유일의 황자 프랑소와 조셉을 데리고 어디서 어떻게 하고 있을 것인가 가장 궁금한 것이 그것이다 지리멸렬하게 찢어진 내 생애의 파멸의 마지막 걸음에서 가장 생각나고 원하는 것은 일가의 단란이다 황제

* 오지리(墺地利) '오스트리아'의 한자음 표기.
* 만려(萬慮)의 일실(一失) 만 번의 생각에 한 번의 실수. 지혜로운 사람도 많은 생각 가운데에는 잘못된 것도 있다는 뜻.
* 분한(憤恨) 분하고 한스러움.

라고 해도 영웅이라고 해도 그에게 항상 필요한 것은 이 단란 여기에 산 보람이 있고 인생의 기쁨이 있는 것이 아닌가 조물주나 악마만이 혼자 살 수 있는 것이요 사람은 단란 속에 살라는 마련이다 반생 동안 단란을 무시하고 버려 온 내게 이제 간절히 생각나는 건 그것이다 이것도 인과의 장난인가 조물주의 내게 대한 복수인가 무엇이든간에 내 지금 간절히 생각하는 건 루이즈와 조셉의 일신 편지가 끊어지고 소식조차 아득하니 마음 더욱 안타깝다 영국놈 로 그 불측한 놈이 편지조차 허락하지 않는다 도적에겐들 한 줄기의 눈물이 있지 녀석은 악마이다 지옥의 악마이다 인면을 쓴 악마인 것이다 조셉이여 루이즈여 조세핀이여 어머니와 함께 내 그대들을 생각할 때마다 철벽 같은 이 가슴 속에도 눈물이 어리누나 구름이 막히누나 조세핀이여 루이즈여 —— 도합 일곱 사람의 여인이여 이제 그대들의 자태가 무엇보다도 먼저 선명하게 차례차례로 떠오름은 이 어인 일고 그대들을 생각할 때 나는 황제도 아니요 영웅도 아니요 한 사람의 범상한 지아비요 그것으로써 만족한 것이다 그대들을 대할 때 나는 황제도 아니었고 영웅도 아니었고 세상의 뭇 사내와 다를 바 없는 지아비에 지나지 못했던 것이다 이제 나는 그대들을 사랑한 범상한 지아비의 자격으로서 생각하는 것이요 그 편이 즐겁고 훨씬 생색도 있다 그대들이 침실에서 내 턱을 치고 하던 말이 '오 황제 나폴레옹이여' 가 아니고 '사랑하는 보나파르트여' 였던 것이요 나 또한 황제의 복색을 벗고 평범한 알몸으로 그대들의 사랑을 받지 않았던가 루이즈가 그러했고 조세핀이 그러했고 —— 그리고 조세핀이여 그대 이전에 내 열아홉 살 때 그레노블 포대에 중위로 있을 시절 내게 접근해 온 쥬코롱베의 딸 —— 이가 말하자면 내게는 첫사랑이었다 그와의 사이가 깨끗은 했었으나 평생에 내 앞에 나타난 일곱 사람의 여자 중에서 그 제일 첫째 손가락에 꼽힐 여자가 그였다. 나는 그의 옛정을 버릴 수가 없어 조세핀 그대가 황후가 되었을 때 그대의 곁에 데려다가 시관을 삼지 않았던가 그 여자의 다음 즉 둘째 손가락에 꼽힐 여자가 조세핀 그대이다 셋째가 천팔백이년 리용에서 안 여자 그 다음이 천팔백육년에 안 루벨 부인 다섯째가 다음 해 폴란드에서 사귄 와레브스카 백작부인 여섯째가 두 번째 황후 마리 루이즈였고 마지막 일곱째가 이 섬 세인트헬레나*에 와서 안 한 사람의 시녀이다 —— 이 일곱 사람의 여자가 내 마음 속에는 순서도 어김없이 차례로 적혀서 가장 즐거운 추억을 실어 오고 유쾌한 정서를 일으켜 준다 마음 속에 첩첩으로 포개 들어앉은 반생 동안의 파란 중첩한 사건과 역사 속에서 그대들의 역사만이 가장 참스럽고 아름답게 몸에 사무쳐 온다 일곱 자태가 일곱 개의 별같이 가슴 속에 점좌하고 들어앉아 모든 것에 굶주린 내 마음을 우렷하게* 비치어 준다.

그 별들을 우러러볼 때만 내 마음 꽃을 보듯이 반기고 누그러진다 그 한 떨기의 성좌는 내 고향이요 일곱 개의 별은 각각 그 고향의 한 간씩의 방 나는 내 열쇠를 가지고 일곱 간의 방문을 열고 차례차례로 각기 방 안의 모든 것 빛과 그림자와 치장과 분위기와 비밀의 모든 것을 살피고 별의 안과 밖 마음과 육체의 모든 것을 알아 버린 것이다 세상에서 가장 가깝고 친한 것이 별들 이제 그 별들과 하직하고 이렇게 떨어져 있으려니 생각나는 것은 그 고향 일곱 간의 방 안 자장가의 노래같이 귀에 쟁쟁거리고 강가의 풀소리같이 마음 기슭에 울려오는 건 고향의 회포 —— 고향의 언덕과 수풀과 강가와 노래와 방 안의 그림자와 비밀과 꽃과 모든 것 —— 그 고향의 산천만이 내 심회를 풀어 주고 넋을 위로해 줄 것 같다 그러나 그 고향 지금 어디메 있나뇨 그 별들 어디메 있나뇨 손 닿지 않는 바다 저 편에 멀리 마치 하늘의 북두칠성같이도 까마득하구나 별을 그리는 마음 오늘에 이토록 간절하도다 간절하

----

* 세인트헬레나(Saint Helena) 대서양 남부, 아프리카 대륙 서안에 있는 섬.
* 우렷하다 보일 듯 말 듯 희미하고 엷다.

도다 황제의 회포를 지금 이토록 아프게 하는 것이 별것 아니다 그 북두칠성이다 범부의 경우와 고를 바 없는 이 내 심서*를 내 부끄러워하지 않고 욕되게 여기지 않노라.

북두칠성의 자랑에 비하면 지난날의 가지가지의 영광과 승리도 오히려 생색이 엷어진다 혁명의 완성 이태리 원정 애급* 정벌 통령 시대 제정 시대 —— 이십 년 동안의 싸움과 사자의 토끼 사냥 —— 그러나 알지 못괘라 영광에는 왜 반드시 치욕이 섞이고 승리에는 패배가 뒤를 잇는고 무슨 까닭이며 무슨 조화인가 영광은 날이요 치욕은 씨인가 승리는 날이요 패배는 씨인가 그 날과 씨가 섞여서야 비로소 인생의 베를 짤 수 있는 것인가 영광만의 승리만의 비단결은 왜 짤 수 없는가 무서운 치욕을 위해서 영광을 버릴 건가 영광을 얻은 값으로 치욕도 달게 받아야 할 것인가 치욕에 얼굴을 붉히면서도 그래도 영광을 바라는 욕심 많은 인생이여.

곰곰이 생각하면 차라리 처음부터 범부의 일생을 보냈던들 얼마나 편한 노릇이었을까고 뉘우쳐진다 코르시카에 태어난 몸이 코르시카에서 평생을 보내게 되었던들 얼마나 평화롭고 안온하였으리 만약 영광을 위해 태어난 몸이라면 차라리 공명의 마지막 고비 워털루의 벌판에서 쓰러져 말가죽 속에 시체를 쌌던들 혹은 드레스덴의 싸움터에서 넘어져 마지막을 고했던들 이제 만고의 부끄럼을 이 외로운 섬 속에 남기게 되지는 않았을 것을 모스크바에서 돌아온 이후 내 스스로 내 목숨을 끊으려 했을 때 코렌쿨이며 시의 콘스탕이며 이방이며가 왜 긴하지 않게 나를 간호하고 다시 소생하게 했던고 그들이 원수만 같다 한번 때를 놓치자 그 후부터는 좀해 그런 기회조차 얻을 수 없다 왜 알맞은 때 알맞은 곳에서 곱게 진해 버려 영광의 뒷갈망을 깨끗이 못하고 이 목숨이

* 심서(心緒) 마음 속으로 느껴 품고 있는 생각.
* 애급(埃及) '이집트'의 한자음 표기.

이렇게도 질기게 남아 영원의 원한을 끼치게 하는고.

알지 못쾌라 내 조물주의 뜻을 알 수 없노라 그는 연극을 즐겨하는 것인가 계책을 사랑하는 것인가 장난이라고 할까 시험이라고 할까 그가 꾸며 놓은 막이 열린 것은 천칠백팔십구년 칠월 십사일 카톨스쥬이에 파리의 거리가 불란서의 전토가 폭발하고 뒤끓던 날 —— 이 날로부터 시작된다 혁명이 이루어지자 동란은 동란을 낳아서 천지가 뒤집히는 듯 오지리와 프러시아의 팔만의 연합병이 파리의 시민을 위협할 때 마르세유의 군중 오천 명은 애국의 노래를 부르면서 파리로 들어오고 삼천의 왕당이 화를 맞고 구원의 살육이 일어나고 루이 16세가 형을 받고 공포 시대는 시작되었다 우리 집안이 코르시카에서 불란서로 옮겨간 것은 이 때 루론에 의거해서 영국 서반아 연합 함대를 물리친 공으로 소위에서 일약 여단장의 급에 오르니 이것이 오늘의 운의 실마리였던 것이다 구십오년 새로운 헌법이 준가되자 반대당이 일어나 소란은 그칠 바 없고 폭도 사만 명이 왕궁을 쳐들어오자 의회는 그들을 방어하기에 힘을 다해 시장 바라는 드디어 나를 총독으로 임명하고 진정의 책임을 맡겼다 때에 내 나이 스물일곱 노장군들은 아연 실색해서 풋둥이 사관이 무엇을 하려는가 하고 나를 백안시하는 것이었으나 내 대답해 가로되 ‘승산 없는 일을 감히 하려는 어리석은 내 아니다 역량을 세밀히 헤아린 후에 이 사업을 맡은 것이다’ 곧 센 강가에 오십 대의 대포를 늘리고 포병을 배치하고 루브르 궁전에 팔천의 주력을 모으고 폭도를 진무*할 새 수만의 난민은 바람에 불리는 꽃같이 물에 밀리는 개미떼같이 여지없이 쓰러져 그 날의 파리 성하의 참혹한 꼴은 입으로 다할 수 없었다.

내 시민의 여망*을 두 어깨에 지고 즉시로 파리 주둔병 사령관의 임

---

* 진무(鎭撫) 난리를 일으킨 백성들을 진정시키고 어루만져 달래는 것.
* 여망(輿望) 많은 사람의 기대.

명을 받게 되다 평생의 대망이 시작된 것은 이 때부터 조세핀과 결혼한 지 수일을 넘지 않아 이태리 주둔병 사령관의 임을 받은 것을 다행으로 드디어 이태리 원정을 떠나게 된 것이다.

니스의 병영에 이르러 볼 때 군세가 말할 수 없이 쇠미하고 빈약한 것이었으나 이를 격려시켜 오히려 이태리의 대군에게 향하게 하며 북이태리에서 이를 격파하고 사월 하순 토리노로 향해 사르디니아 왕 아마데오로 하여금 니챠를 베어 바치게 하고 다음 날 밀라노에 들어가 볼로냐에서 로마 법왕 비오 육세와 화를 강하고 더욱 나아가 네치아를 함락시키고 케른텐을 거느리고 스타이에른의 부륙을 치다 눈 속의 알프스 산을 넘어 오지리의 빈에서 성하의 맹세를 맺게 하고 사월에 레오벤에서 가조약을 맺은 후 오월 에네챠에 들어가 그 공화제를 버리고 시스알비나 공화국을 창설 제노바를 리구리아 공화국으로 고치다 시월 십칠일 오지리와 캄보풀미오에서 본조약을 맺으니 이 때의 불란서의 영토는 네덜란드 이오니아 제도 에네챠 라인 강반 시스알비나 공화국 리구리아 공화국의 광범한 것이었다.

이 년 동안의 원정에 생광 있는 승리를 한 것이요 적군의 포로 십일만 오천 군기 일백칠십 대포 일천백사십 그 외에 쓸어온 미술품과 조각 등은 산을 이루다 백성들은 나를 군신 수호신이라고 받들어 파리 개선의 날 성하의 열광은 거리를 쓸어갈 듯 개선식 거행의 날 뤽상부르 궁전*은 적국의 군기로 찬란히 장식된 속에서 내 엄숙히 나아가 조약서를 내고 전리품을 바친 후 거리로 나가 수만 군졸을 거느리고 앞잡이를 서서 행진을 할 때 시민의 열광 속에서 군졸들의 늠름히 노래하는 말이 정부의 속관들을 물리치고 나폴레옹을 수령으로 하자는 뜻이었던 것이다.

＊뤽상부르(Luxembourg) **궁전** 파리에 있는 옛 프랑스 왕실의 궁전.

바라가 나를 찬탄해하는 말 '나폴레옹을 만들어 내기에 조물주는 그 전력을 다하고 조금도 여력을 남기지 않았으렷다' 보나파르트의 집안은 차차 일기 시작해 일가 족속이 중요한 지위에 올라 명문 귀현들의 숭배의 중심이 되다 그러나 내 마음은 만족은커녕 한시도 편한 날이 없어 야심 만만 소심 익익 이 오 척의 단신 속에 감춘 계책은 아무도 옆에 앉은 조세핀조차도 알 바 없었다 승전 후 소란한 도읍을 떠나 뤼칸티렌의 시골에서 유유자적 독서와 사색에 몰두할 때 가슴 속에는 염염한 불꽃이 피어 올라 생각과 계획에 한시도 쉴 새가 없었다 이 때야말로 나의 황금 시대였던 것이나 사람의 욕망이란 왜 그리도 한이 없는 것인가 구구한 구라파의 한쪽 구석은 내 대망의 곳이 아니요 위대한 경륜을 행하기에 너무도 척박한 땅이었다 차라리 내 가서 동쪽에 기골을 시험함만 같지 못하다. 무릇 세계의 영걸이 그 위대함을 이룬 것은 동방에 의거하지 않음이 없으니 나도 구라파를 떠나 시저와 같이 애급으로 갈 것이다 애급으로 동방으로! 이렇게 해서 애급 정벌이 시작되었다 구십팔년 오월 십구일 군함 십삼 척 소선 십사 척 운송선 사백 척 군졸 사만 학자 백 명 바다에 나서 반월의 진을 치니 그 길이 십팔 노트에 뻗히다 유월 몰타 섬에 올라 이를 항복시키고 알렉산드리아를 빼앗고 카이로에 나아가 칠월 이십일일 이를 함락시키고 시리아를 향해 가자를 빼앗고 야파를 떨어뜨리고 상장 다크를 포위했으나 사나운 토이기 군 때문에 동방 정략이 채 이루어지지 못한 채 본국의 위난을 듣고 쿨벨에게 애급을 맡기고 일로 불란서로 향했던 것이다 혁명 정부의 전복을 계획하는 구라파 열강은 제이차 연합군을 일으켜서 본국을 침범하게 되매 위기는 날로 더해 정부의 위신 땅에 떨어지고 민심 더욱 소란해 감을 들었던 까닭이다 악한 정사에 국가는 피폐하고 백성들은 굶주려 원망의 소리 구석구석에 넘쳐 흐를 때 정부의 요인들은 사리사욕을 채울 줄밖에는 모르고 오히려 민심을 돌보지 않은 것이다 단신 파리로 향하는 도중에 내 뒤를 따르는 민중 몇천 몇만이던가 십일월 십일 나는 드디어 무력으로 정부를 넘어뜨리고 새로운 헌법을 준가해서 집정을 폐지하고 세 사람의 통령 제도를 세워 그 제일 통령에 오른 것이다 문란한 정사를 바로잡고 국내를 정리하고 열국과 화평을 구하나 고집스런 영국이 종시 휘어들지 않는다 내 다시 분연히 일어나 허리에 우는 칼을 뽑아 들었다. 무라와 마세나를 각각 오지리와 이태리에 향하게 하고 나는 롬바르디 방면으로 나아가 시스알비나 공화국을 재흥시키고 마렝고에 격전해서 이태리를 정복 무라는 다뉴브 강을 건너고 모로는 프러시아를 쳐서 불란서는 다시 대승하고 신성 로마 제국은 여기에 완전히 멸망해 버렸다 영국도 드디어 뜻을 굽혀 조지 3세 아미앙에 열국과 화평을 구하게 됐으니 이 때 불란서는 바야흐로 황금 시대 내정과 외교가 크게 부흥되어 팔백이년 팔월 이일 의원의 제의로 국민의 추대를 받아 삼백오십만 표로써 종신 통령이 되어 시스알비나 리구리아 두 공화국의 통령까지를 겸하고 튀일리 왕궁에 살게 되니 왕궁에 몸을 들이게 된 처음이다 내 적은 항상 영국 —— 영국은 다시 아미앙 조약을 버리고 애급과 몰타에다 아직도 손을 대는 것이요 국내에서는 공화당이 내 주권을 즐겨하지 않는 눈치이다 차라리 공화 정치를 버림만 같지 못해 오월 십팔일 원로원은 국민의 투표를 얻어 나를 황제의 자리에 올려놓았다. 때에 서른다섯 살 코르시카의 조그만 집에 태어나 오 척 단구에 담았던 대망 가슴 속은 항상 염염히 타올라 한시도 잊을 새 없던 그 대망이 그제야 이루어진 것이다 백 년 천 년에 한 사람 선택될까말까한 주께서 특히 골라 내는 그 인류 최고의 영광의 자리에 올랐을 때 내 마음은 얻을 것을 얻어 비로소 놓이고 만족했다. 노리던 것을 얻은 그 날로 내 목숨이 진했다고 해도 기쁘고 만족스러웠을 것을 내 힘은 너무도 크고 뜻은 너무도 높았다 흡사 땅 위의 태양 하늘에 해가 있고 땅 위에 내가 있다 솟아오르는 태양의 위력 앞에 무엇이 거역하랴 열국이 제삼차 연합군을 일으켰댔자 사자 앞에 토끼 폭이나 되랴 뮤러로 하여금 빈을 치게 하고 마세나를 이태리로 보내고 나는 이십만을 거느리고 동쪽에서 아라사를 치니 구라파의 전국이 드디어 내게 항하는 자 없게 되다 일가 족속으로 하여금 구라파 전토를 다스리게 함은 원래부터 내 소원 형 요셉을 서반아 왕으로 뮤러를 나폴리 왕으로 동생 쉐롬을 웨스트팔리아 왕으로 루이를 화란 왕으로 봉해서 라인 연맹을 일으키고 내 그 맹주가 되니 여기에 구라파 통일은 완성되고 나는 서반구에 군림하다 마리 루이즈를 두 번째 황후로 맞아들여 황자 조셉을 탄생하매 왕업의 터 더욱 견고해지고 백 년 왕통의 대계가 완전히 서게 되었다 위력이 서반구에 떨치고 경륜이 사해에 뻗쳐 참으로 이제는 하늘의 해와 마주서고 그와 만패를 다투게 된 것이다 한 가지의 부족이 있다면 알렉산더같이 내 자신 제우스의 아들이라고 선언하지 못한 그 일뿐이다 그 외에 더 바랄 것도 원할 것도 없었다 힘껏 당긴 활이니 그에게 무엇이 두려운 것이 있으며 꽉 찬 만월이니 그에게 무엇이 더 그리운 것이 있으랴 —— 그러나 슬프다 그 활이 왜 늦춰져야 하고 그 만월이 왜 이지러져야 하는가 영원의 만족 영원의 행복 영원의 정복이라는 것은 없는 법인가 그것이 우주의 법칙인가 만물은 흐르고 움직이고 변하는 것 —— 그것이 우주의 법칙인가 무엇하자는 법칙인가 누구를 위한 무엇 때문의 법칙인가 조물주의 심술인가 질투인가 조물주는 자기가 절대의 소유자이므로 자기 이외의 절대라는 것은 작정하지 않고 허락하지 않는 것인가 인간과 땅은 지배할 수 있는 나로되 이 우주의 법칙과 조물주의 뜻만이야 어찌 지배할 수 있으랴 영광의 뒤를 잇는 굴욕을 행복의 뒤를 잇는 불행을 만족의 뒤를 잇는 슬픔을 내 어찌 막아 낼 수 있었으랴 굴욕과 실패의 자취를 생각하면 치가 떨리고 피가 솟고 이가 갈리나 —— 오호라 그것은 오고야 말았다. 물결 밀리듯 밀려들고 말았다 영광의 시대가 올 때와 마찬가지로 막아 내는 재주 없이 제물에 기어코 와 버리고야 말았던 것이다 구라파의 뭇 생쥐들이 내 앞에 쏙닥질을 하고 항거하기 시작했다 각국은 대륙 조약을 헌신짝같이 버렸고 이베리아 반도에서는 영장 웰링턴이 굳건하게 항전하고 아라사는 연내의 분풀이를 걸어 왔다 내 하는 수 없이 북국 정벌을 계교하는 오월 드레스덴에 사십만 병을 거느리고 네만 강을 건넜을 때에는 육십만을 넘어 팔월 스몰렌스크*를 떨어뜨리고 구월 노장 쿠소프를 보로디노에 깨뜨리고 일로 모스크바*를 들어갔으나 —— 실패는 여기서 왔다 그 북쪽의 호지 눈과 추위와 거기다 화재는 나고 군량은 떨어지고 수십만 부하를 눈 속에 빼앗기고 간신히 목숨만을 얻어 가지고 되땅을 벗어나온 것이 다음 해 칠월 —— 한 번 기울기 시작하는 형세는 바로잡을 도리 없어 어리석은 자의 옥편 속에만 있던 '불가능' 의 글자가 어느덧 내 마음 속에도 살아나기 시작했던 것이다 연합군 이십오만과 라이프치히에서 대전하다가 사흘 만에 패하자 라인 연맹은 와해되고 이베리아 반도는 웰링턴의 손에 떨어지고 뮤러는 오지리와 통하고 연합군은 불란서의 변경을 침범하게 되어 팔백십사년 삼월 드디어 파리 함락하다 오호라! 사월 육일 내 퐁텡부로에서 주권을 던지고 엘바 공에 임봉되니 근위병 근근 삼백 명 세액 이백만 프랑 불란서 제정 이에 몰락되다 이십일 궁전 앞에 근위병을 모아 놓고 마지막 고별을 할 때 비창하다 세상일 그렇게 무상하고 슬픔이 뼛속에 사무친 적이 있었던가 사령관 부리를 안고 군기에 입을 대고 군대에 읍하고 마차에 올라 엘바로 향해 떠날 때 사랑하는 군졸의 얼굴에 눈물이 비오듯 느끼는 소리 이곳 저곳에서 나더니 전부대가 일제히 고함을 치고 우누나 느껴 우누나 그 울음소리 내 오장육부를 녹이고 뼈를 긁어 내는 듯 눈을 꾸욱 감았다. 얼굴을 창으로 돌리나 다시 흐려지는 눈동자에는 사랑하는 부하들의 얼굴 모습조차 꺼지고 내 정신 점점 혼

---

* 스몰렌스크(Smolensk) 러시아 서부 드네프르 강 상류 유역에 있는 도시.
* 모스크바(Moskva) 러시아의 수도.

모스크바

몽해질 뿐 엘바의 가을은 소슬하고 지중해의 바람은 차고 날이면 날 밤이면 밤 창자를 끊어 내는 쓰라림과 슬픔 —— 어젯날 백만의 병을 거느리고 구주의 천지를 좁다고 날개질하던 내 오늘날 수십 리밖에 못 되는 조그만 섬 속에 몸을 던지게 될 때 영웅의 심사 그 얼마나 애닯고 황제의 가슴 속 그 어떨쏘냐 세상 인정은 백지장같이 얇고 인생의 무상은 바람같이 차고 영웅이 목석이 아닌 바에 정도 있고 피도 있나니 내 그때의 회포를 알아 줄 이 누구던가 눈물과 한숨은 황제의 것이 아니라면 그도 못하는 심중이 얼마나 어지럽고 아프던가 엘바를 벗어나 파리에 들어가 백 날 동안 다시 제위에 올랐다고 해도 그것은 내 마지막을 장식하는 한 뼘의 무지개요 한 떨기의 꽃에 지나지 못하는 것 활짝 피었다 지고 확 돋았다 꺼지는 순간의 기쁨이었던 것이다 한 번 떨어진 운명의 골패짝을 어찌 바로잡을 수 있으랴 워털루서의 적장 웰링턴과 블뤼허는 내 운을 빼앗은 사람 운명의 방향을 돌린 사람 내 힘 벌써 진하고 기맥이 빠진 뒤이라 적장과 내 지위가 벌써 바뀌어지고 꺼꾸러진 것이다 칠월 칠일 파리가 함락하자 로쉬폴에서 미국으로 건너려 할 때 영국함 베레트폰이 나를 잡아 버렸다 엘바를 벗어난 지 백 날 나는 다시 이 작은 섬 헬레나로 온 것이다 엘바는 이 섬에 비기면 왕토였다 이 세상 끝의 조그만 되땅 여기는 사람 살 곳이 못 된다 땅이 뜨겁고 모래가 달아 수목이 자라지 못하고 무더운 공기가 몸을 찌른다 목숨은 질긴 것 그래도 어언 이 호지에서 육 년 동안을 살아오누나 바람 부는 아침 비오는 밤 묵묵히 인생을 생각하며 쓰린 속에서 육 년이 흘렀구나 어젯날의 황제가 오늘의 섬사람 —— 그 속에 무슨 뜻이 있는고 무슨 교훈이 있는고 내 날이 맞도록 해가 맞도록 궁리해도 아직 터득하지 못했노라 아무 뜻도 없는 것이다 아무 교훈도 없는 것이다 다만 조물주의 심술인 것이다 질투인 것이다 주여 이후에 영웅을 내려거든 다시 두 번 내 예를 본받지 말지어다 이런 기구한 인생의 창조는 한 번으로써 족한 것이다 애매한 후세의 영웅에게 짓궂은 장난을 다시 베풀지 말지어다 이것이 지금의 내 원인 것이다.

내게 충성을 다하기 위해서 아까운 뼈를 벌판에 내던진 수천만 장졸의 영혼들이 얼마나 나를 원망할 것인가 나는 포악 무도한 목석은 아니다 그들을 생각할 때 가슴 속에 한 줌의 눈물이 없을손가 내 미워하는 건 나를 배반하고 달아난 비열한 장군들 뜻을 굽히고 절개를 꺾어 버린 반역자들 —— 가장 총애한 유젠 빅토르 르페불 네 벨체 그대들은 마치 생쥐들같이 살금살금 퐁텡부로를 떠나 다시 부르봉 조정에 신하로 들어들 가지 않았던가 황제로서 영웅으로서 사랑하는 부하의 배반을 받았을 때같이 불쾌하고 원통한 일은 없다 그대들이 내 심사를 살펴나 줄 것인가 지난날을 생각이나 해줄 것인가 나머지의 장군들은 지금 대체 어떻게들 하고 있을 것인가 반생 동안 나와 생사를 같이 하고 조정에서나 싸움터에서나 운명을 같이 한 수많은 그대들 —— 막도날 마세나 벨나톨 쿨베 오쥬로 켈레만 뷜셰엘 말몽 몰체 란느술 다브몬세 다들 어디메 있나뇨 어디서 무엇을 하며 나를 생각하나뇨 내 마음 통하면 내 그대들을 생각할 때 그대들 역시 나를 생각하리니 그대들 지금 어디서 나를 생각하나뇨 그대들을 괴롭힌 적군의 장군들 그들 또한 지금에 어디 있을 것이고 찰스 대공 블뤼허 피트 넬슨 웰링턴 그들의 왕 알렉산더 1세 프란시스 1세 프레데릭 3세 루이제 왕후 조지 3세 —— 그들 또한 지금에 내 생각을 하고 있을 것인가 운명의 변화란 골패짝보다도 어이가 없구나 어제와 오늘을 바꾸어 놓고 오늘과 어제를 바꾸어 놓고 그 등 뒤에서 웃는 자 누구인고 얄궂다 원망스럽다 어젯날 내 앞에서 허리를 못 펴고 길을 못 찾던 적장들이 오늘은 나를 바라보고 비웃고 뽐을 낼 것인가 측은히 여기고 조롱할 것인가 그들로 하여금 그렇게 시키기 위해서 오늘의 나를 꾸며 놓은 것인가 일의 전말을 이렇게 배치해 놓은 것인가 오냐 그들의 심사가 무엇이든간에 나는 오늘 내 부하의 장졸들과 함께 그 적장들 또한 그리운 것으로 생각한다 사람은 일생의 마지막에 있어서는 누구나를 모두 적이나 부하나를 다 함께 사랑할 수 있는 것인가 보다 지금 다같이 생각나는 것은 적장과 부하와 일곱 개의 별과 어머니와 형제들과 그리고 단 하나의 황자 프랑소와 조셉과 —— 오오 조셉이여 내 아들 조셉이여 지금 어디메서 무엇하고 있나뇨 내 섬에 온 이후 라신*의 비극 '앙드로마크'를 읽으면서 그대를 생각하고 몇 밤이나 울었던고 앙드로마크의 회포가 나와 흡사하구나 내 그대를 생각하고 몇 밤이나 울었던고 그대의 사진이 지금 내 앞에 있다 사진이 판이 나라고 나는 그것을 바라본다 아침 저녁으로 바라보고 바라보아도 또 바라보고 싶은 것 조셉이여 그대의 사진 제일 그리운 것이 그대의 모습 아무쪼록 이 아비 —— 아니 황제의 사적을 잊지 말고 혈통은 이을지어다 내 원이요 희망이다 명심하라 아아 피곤한 눈에 벌써 그대의 화상조차 흐려지누나 그대의 이마가 흔들리고 볼이 찌그러지누나 오늘이 내 마지막이란 말이냐 이 시간이 내 마지막이란 말이냐 영웅의 말로가 황제의 최후가 이렇단 말인가 아아 피곤하다 너무 지껄였다 내 평생에 이렇게 장황하게 지껄인 날은 한 번도 없다 늘 속에만 품고 궁리에만 잠겼었지 이렇게 객설스럽게 지껄인 적은 없다. 영웅도 마지막에는 잔소리를 하나 보다 잔소리를 하지 않으면 안 되게 되었다 묵묵히 사라지기가 원통한 것이다 그러나 지금 내 곁에 비서관 부리엔이나 마느발이나 펜이 없는 것이 다행이지 그들은 필기의 명인들 행여나 내 이 잔소리를 그대로 받아적어 후세에 남긴단들 반드시 내 명예는 아닐 법하다 잔소리가 많았다 피곤하다 몇 시나 됐누 아마 어둡다 요란하다 여전한 우렛소리 번갯불 바람은 천지를 쓸어가련 건가 구름은 우주를 뭉개 버리련 건가 파도 소리 저 파도 소리 절벽을 물어뜯는 저놈의 파도 소리 수십

---

* 라신(Racine, Jean Baptiste) 프랑스의 시인, 극작가. 〈베레니스〉, 〈페드르〉 등의 작품이 있음.(1639~1699)

길 절벽을 뛰어넘어 이 집을 쓸어가려는 듯 차라리 쓸어가 버려라 집까지 섬까지 한 모금에 삼켜 버려라 아침부터 진종일 이 바람 소리 파도 소리 자연이 무심할쏘냐. 그대만이 나를 알아 주누나 내 마지막을 일러 주누나 오늘의 그대의 이 뜻을 내 모를 바 아니요 천지의 조화가 무엇을 재촉하는지를 내 모를 바 아니다 오늘이 올 것을 마음 속에 생각하고 있었고 기다리고 있었다 내 무엇을 모르랴 내 무엇을 겁내랴 차라리 이 불측한 곳을 한시바삐 떠나고 싶다 이 무례한 고장을 얼른 떠나고 싶다 시저도 결국 세상을 떠나고야 말지 않았던가 나 역 그의 뒤를 따르는 것이다 내 세상을 떠나면 구라파로 돌아가 샹젤리제*를 거닐고 센 강가를 헤매이며 부하들과 만날 것이다 쿨베 데세 뷜셸 쥬로 뮤러 마세나 이들이 와서 나를 반갑게 맞이할 것이다 옛적의 영웅 스키피오 한니발 시저 프레데릭 이들과 웃고 피차의 공을 이야기할 것이다 이제 마지막으로 내 머리맡에 모시는 자 단 여섯 사람밖에는 안 되누나 목사 비갸리와 의사 앤트말모 몬트론 아놀드 그리고 시녀와 시복과 —— 이뿐이란 말이냐 단 여섯 사람 하기는 튀일리 궁중에서도 내 침실에 모시는 자는 여섯 사람이었다 그 때의 여섯 사람과 오늘의 여섯 사람 —— 오늘은 왜 이리도 쓸쓸하고 겸없는고 몬트론이여 아놀드여 왜 그리들 침울한고 가까이 와서 내 맥을 짚어 보라 몇 분의 시간이 남았나를 알아맞히라 목사 비갸리여 그대도 가까이 와서 나를 위해 기도하라 마지막 기도를 올려라 목숨이 떨어지자 주가 내 손을 이끌어 그의 왼편에 앉히도록 가장 신성한 복음의 귀절로 기도를 올리라 그리고 내 진한 후에 모든 것을 구라파의 내 유족에게 전해 달라 어둡다 요란하다 바람 소리 파도 소리 땅 위의 태양이 떨어지다 용기를 내라 탄환이 나를 뚫을 수는 없는 것이다 흠흠으으…….

* **샹젤리제** 프랑스의 수도 파리에 있는 간선 도로의 하나. 개선문이 있는 드골 광장에서 콩코르드 광장에 이르는 직선 도로.

약령기

해가 쪼이면서도 바다에서는 안개가 흘러 온다. 흰칠한 벌판에 얇게 깔려 살금살금 기어오는 자줏빛 안개는 마치 그 무슨 동물과도 같다. 안개를 입은 교장 관사의 푸른 지붕이 딴 세상의 것같이 바라보인다. 실습지가 오늘에는 유난히도 넓어 보이고 안개 속에서 일하는 동물들의 모양이 몹시도 굼뜨다. 능금꽃이 피는 시절임에도 실습복이 떨리리만큼 날씨가 차다.

쇠스랑으로 퇴비를 푹 찍어 올리니 김이 무럭 나며 뜨뜻한 기운이 솟아오른다. 그 속에 발을 묻으니 제법 훈훈한 온기가 몸을 싸고 오른다. 학수는 그대로 그 위에 힘없이 풀썩 주저앉았다. 그 속에 전신을 묻고 훈훈한 퇴비 냄새를 실컷 맡고 싶었다.

"너 피곤한가 부구나."

맥없는 학수의 거동을 바라보고 섰던 문오가 학수의 어깨를 치며 그의 쇠스랑을 뺏어 들고 그 대신 목코에 퇴비를 담기 시작하였다.

"점심도 안 먹었지?"

"……."

"(중략)…… 배우는 학과의 실험이라면 자그마한 실습지면 그만이지, 이렇게 넓은 땅을 지을 필요가 있나. (중략)"

혼자말같이 중얼거리며 문오는 퇴비를 다 담고 나서,

"자, 이것만 갖다 붓고 그만 쉬지."

학수는 힘없이 일어나서 목코의 한 끝을 메었다.

제3 가족의 오늘의 실습 배당은 제2 온상의 정리였다. 학수는 온상까지 가는 길에 한 시간 동안에 나른 목코의 수효를 속으로 헤어 보았다. 열일곱 번째였다. 그 사이에 조금이라도 게을리하여서는 안 되는 것이다. 퇴비를 새로 만드는 온상에 갖다 붓고 나니 마침 휴식의 종이 울린다.

"젖 먹은 힘 다 든다. —— 실습만 그만두라면 나는 별일 다 하겠다."

옆에서 새 온상의 터를 파고 있던 삼학년생이 부삽을 던지고 함정 속에서 뛰어나온다. 그도 점심을 못 먹은 패였다. 흐르는 땀을 손등으로 받아 뿌리면서 물을 켜러 허둥지둥 수도 있는 곳으로 걸어갔다.

학교를 둘러싸고 있는 사면의 실습지 구석구석에 퍼져서 삼백여 명의 생도는 그 종적조차 모르겠더니 휴식 시간이 되니 우줄우줄 모여들어 학교 앞 수도를 둘러싸고 금시에 활기를 띠었다.

온상을 맡은 가족은 그 곳으로 가는 사람이 적고, 대개 그 자리에 주저앉아 땀을 들였다. 학수와 문오도 —— 같은 사학년인 두 사람은 각별히 친밀한 사이였다. —— 떨어지지 아니하고 실습복 채로 땅 위에 주저앉았다.

"능금꽃이 피었구나."

확실한 초점 없는 그의 시야 속에 앞 밭에 능금나무가 어리었다. 흰 꽃에 차차 시선이 집중되자 '능금꽃'의 의식이 새삼스럽게 마음 속에 떠올랐다.

"──아니, 마른 가지에."

보고 있는 동안에 하도 괴이하여서 학수는 일어서서 그 곳으로 갔다. 확실히 마른 가지에 꽃이 피어 있다! 그 알 수 없는 힘의 성장을 경탄하고 있을 때에 등 뒤에서 부르는 소리에 그는 뒤로 돌아섰다.

남부 농장에서 실습하던 같은 급의 창구가 온상 옆에 서 있다.

"꽃구경 하고 있다."

싱글싱글 웃으며,

"능금꽃 필 때 시집가는 사람은 오죽 좋을까."

괭이자루를 무의미하게 두드리고 앉았던 다른 동무가 문득 생각난 듯이,

"아 참, 금옥이가 쉬이 시집간다지."

창구가 맞장구를 치며,

"마을의 자랑거리가 또 하나 없어지는구나. 두헌이가 ×으로 넘어갔을 때 우리는 마을의 자랑거리를 하나 잃었더니 이제 우리는 마을의 명물을 또 하나 잃어버리는구나. ── 물동이 이고 울타리 안으로 사라지는 민출한 자태도 더 볼 수 없겠지."

"신랑은 ×× 사는 쌀장수라지. ── 금옥이네도 가난하던 차에 밥은 굶지 않겠군."

"우리도 섭섭하지만 정두고 지내던 학수 입맛이 어떤가."

싱글싱글 웃으면서 창구는 학수를 바라본다. 빈 속에 슬픈 기억이 소생되어 학수는 현기증이 나며 정신이 흐려졌다.

"헛물만 켜고 분하지 않은가. ── 그러나 가난한 학생에게는 안 준다니 할 수 없지만……."

창구의 애꿎은 한 마디에 학수는 별안간 아찔하여지며 정신을 잃고 그 자리에 쓰러졌다.

핏기 한 점 없는 해쓱한 얼굴로 뻣뻣하게 쓰러지는 학수를 문오는 날

째게 달려와서 등 뒤로 붙들었다. 창구가 달려와서 그의 다리를 붙들었다.

"웬일이냐."

보고 있던 동무들이 우르르 모여들었다.

"──가끔 빈혈증을 일으키니."

"주림과 실습과 번민과 ── 이 속에서 부대끼고야 졸도하기 첩경이지."

그 어느 한 편을 부축하려고 가엾은 동무를 둘러싸고 그들은 우줄우줄 하였다.

"공연히 실없는 소리를 했더니 야유가 지나쳤나 부다."

창구는 미안한 생각을 금할 수 없어서 몇 번이나 사과하는 듯이 말하면서 문오와 같이 뻣뻣한 학수를 맞들고 숙직실로 향하였다.

다른 가족의 동무들이 의아하여 울레줄레 따라왔다. 감독 선생이 두어 사람 먼 데서 이것을 보고 쫓아왔다.

숙직실에 데려다 눕히고 다리를 높이 고였다. 웃통을 활짝 풀어 헤치고 물을 축여 가슴을 식히고 있는 동안에, 핏기가 얼굴에 오르면서 차차 피어나기 시작한다. 십 분도 채 못 되어 의사가 달려왔을 때에는 학수는 의식을 회복하고 눈을 떴다. 의사가 따라 주는 포도주를 반 잔쯤 마시고 나니 새 정신이 들었다. 골이 아직 띵하였으나 겸연쩍은 생각에 학수는 벌떡 일어났다.

"겨우 마음 놓았다. 사람을 그렇게 놀래니."

창구는 정말 안심한 듯이 웃으며,

"실없은 말 다시 안 하마."

"감독 선생께 말할 터이니 실습 그만두고 더 누워 있어라."

문오는 학수 혼자 남겨 두고 창구와 같이 실습지로 나갔다.

숙직실에 혼자 남아 있기도 거북하여 학수는 허둥지둥 방을 나와 마음 편한 부란기* 당번실로 갔다.

훈훈한 빈 방에 혼자 누워 있으려니 여러 가지 생각과 정서가 좁은 가슴 속을 넘쳐흘러 나왔다.

"병아리만도 못한 신세!"

웃목 우리 속에서 울고 돌아치는 병아리의 무리——, 그보다도 못한 신세라고 학수는 생각하였다.

'병아리에게는 나의 것과 같은 괴로움은 없겠지.'

창 밖으로는 민출한 버드나무가 내다보였다. 자랄 대로 자라는 밋밋한 버드나무 —— 그만도 못한 신세라고 학수는 생각하였다. 아무 생각 없이 순진하게 자라야 할 어린 그에게 너무도 괴로움이 많다. 그 가지가지의 괴로움이 밋밋하게 자라는 그의 혼을 숫제 무지러뜨린다. 금옥이 —— 서로 정두고 지내던 그를 잃어버리는 것은 피차에 큰 슬픔이었다. 성 밖 능금밭에서 만나던 밤, 금옥이도 울고 그도 울었다. 그러나 학수의 괴로움은 그 틀어지는 사랑의 길뿐이 아니다. 집에 가도 괴롭고 학교에 와도 괴롭고 가난과 부자유 —— 이것이 가지가지의 괴로움을 낳고 어린 혼의 생장을 짓밟았다.

생각하고 있는 동안에 두 눈에는 더운 것이 넘쳐 나왔다. 뒤를 이어 자꾸만 흘러나왔다. 웬만큼 눈물을 흘리면 몸이 가뿐하여지건만 마음 속에 서러운 검은 구름이 풀리지 않는 이상, 눈물은 비 쏟아지듯 무진장으로 흘러내렸다. 흐릿한 눈물 속으로 학수는 실습을 마치고 들어온 문오의 찌그러진 얼굴을 보았다.

"너무 흥분하지 말아라."

어지러운 그의 꼴이 문오의 눈에는 퍽도 딱하였다.

"……금옥이 때문에?"

---

* **부란기**(孵卵器) 달걀이나 물고기의 알을 인공적으로 까게 하는 기구.

"보다도 나는 학교가 싫어졌다."

"학교가 싫어진 것은 지금에 시작된 일이냐? 좋아서 학교 오는 사람이 어디 있겠니. 기계가 움직이듯 아무 의지도 없이 맹목적으로 오는 데가 학교야. 그렇다고 학교에 안 오면 별수가 있어야지."

"즐겁게 뛰노는 곳이 아니고 사람을 ××히는 곳이야."

"흙과 친하라고 말하나 (중략) 흙과 친할 수 있는가."

"어디로든지 먼 곳으로 가고 싶어."

"가서는 어떻게 하게? 지금 세상 가는 곳마다 다 괴롭지, 편한 곳이 어디 있겠니?"

"너무도 괴로우니 말이다."

"가 버리면 집안 사람들은 어떻게 하겠니. —— 꾹 참고, 있는 때까지 있어 보자꾸나."

"……."

"오늘 밤에 용걸이한테 놀러나 갈까."

문오는 학수를 데리고 당번실을 나갔다.

아침.

조례 시간에 각 학년 결석 보고가 끝난 후, 교장이 성큼성큼 등단하였다.

엄숙하게 정렬한 삼백여 명의 대열이 일순 긴장하였다. 교장의 설화가 있을 때마다 근심 반 호기심 반의 육백의 눈이 단 위로 집중되는 것이다.

"다달이 주의하는 것이지만……."

깨진 양철같이 울리는 목소리의 첫 마디를 들은 순간 학수는 넉넉히 그 다음 마디를 짐작할 수 있었다.

"번번이 수업료 미납자가 많아서 회계 처리에 대단히 곤란하다……."

짐작한 대로였다. 다달이 한 번씩 이 말을 들을 때마다 학수는 마치 죄진 사람같이 마음이 우울하였다. 다달이 불과 몇 원 안 되는 금액이지만 가난한 농가의 자제에게는 무거운 짐이었다. 교장의 설유가 있을 때마다 매맞는 양같이 마음이 움츠러졌다.

"이번 주일 안으로 안 바치면 처분할 터이니 단연코……."

판에 박은 듯한 늘 듣는 선고이지만 학수의 마음은 아프고 걱정되었다. 종일 동안 마음이 우울하였다.

때도 떳떳이 못 먹는 처지에 그만큼의 돈을 변통할 도리는 도저히 없었다. 달마다 괴롭히는 늙은 아버지의 까맣게 끄슬린 꼴을 생각만 하여도 가슴이 저렸다. 가난한 집안을 업고 가기에 소나무같이 구부러진 가련한 꼴이 그림같이 그의 마음 속에 들러붙어 떨어지지 않았다. 일 년 동안이나 공들여 길렀던 돼지는 달포 전에 세금에 졸려 팔아 버렸다. 일 년 더 길러 명년 봄에 팔아 감자밭을 몇 고랑 더 화리 맡으려던 아까운 돼지를 하는 수 없이 팔아 버렸다. 그만큼 세금의 재촉이 불같이 심하였던 것이다.

그 날 일을 학수는 지금까지도 잘 기억하고 있다. 면소에서는 나중에 술기*를 끌고 나왔다. 어머니는 그것이 소용 없는 일인 줄 알면서도 욕지거리를 하였다. 아버지는 뜰 앞에 앉아 말없이 까만 얼굴에 담배만 푹푹 피웠다. 밥솥을 빼어 실은 술기가 문 앞을 굴러나갈 때, 어머니는 울 모퉁이까지 따라나가며 소리를 치며 울었다. 하는 수 없이 아버지는 다음 날 아끼던 돼지를 팔고 밥솥을 찾아 내었다. 돼지를 없애고 어머니는 세 때나 밥술을 들지 않았다. 그 때 일을 학수는 잊을 수가 없다.

"돼지도 없으니 이 달 수업료를 어떻게 하노."

걱정의 반 날을 지우고 집에 돌아갔을 때 밭에 나간 아버지는 아직

---

* 술기 '수레' 의 사투리.

돌아오지 않았다.

　호미를 쥐고 뜰 앞 나물밭을 가꾸고 있는 동안에 아버지가 돌아왔다. 그러나 피곤하여 맥없는 그 꼴을 볼 때, 귀찮은 말로 그를 더 괴롭힐 용기가 나지 않았다.

　가난한 저녁상을 마주 대하고 앉았을 때, 아버지 쪽에서 무거운 입을 열었다.

　"요사이 학교 별일 없니?"

　"늘 한 모양이지요."

　"공부 열심히 해라. 졸업한 후 직업에라도 속히 붙어야지, 늙은 몸으로 나는 더 집안을 다스려 갈 수 없다."

　그것이 너무도 진정의 말이기 때문에 학수는 도리어 적당한 대답을 찾지 못하였다.

　"날씨가 고약해서 농사는 올해도 또 낭패될 것 같다. 비료도 몇 가마니 사서 부어야겠는데 큰일이다. 작년에도 비료를 못 쳤더니 땅을 버렸다고 최 직장이 야단야단 치는 것을 올해는 빌고 빌어서 간신히 한 해 더 얻어 부치게 되지 않았니."

　학수는 다시 우울하여져서 중간에서 밥숟갈을 놓아 버렸다.

　"암만 해도 돼지를 또 한 마리 사서 기를 수밖에는 도리가 없다. 닭을 쳐도 시원하지 못하고 그저 돼지밖에는 없어. —— 학교 돼지 새끼 낳았니?"

　아버지는 단 한 사람의 골육인 아들에게 모든 것을 이야기하고 의논하였다.

　그러나 농사일에 정신 없는 아버지 앞에서 학수는 차마 수업료 말을 꺼내지 못하였다. 물을 마시고는 방을 뛰어나갔다.

　밤이 이슥하였을 때, 학수는 울타리 밖 우물에 물 길러 온 금옥이에게 눈짓하여 성 밖에서 만나기로 하였다.

달이 너무도 밝기에 따로따로 떨어져 학수는 먼저 성 밖으로 나가 능금밭 초막 뒤편에 의지하여 금옥이가 나오기를 기다렸다.

보름달이 박덩이같이 희다. 벌판 끝에 바다가 그윽한 파도 소리와 함께 우련한 밤 속에 멀다. 윤곽이 선명한 초막의 그림자가 그 무슨 동물과도 같이 시꺼멓게 능금밭 속까지 뻗쳐 있고, 그 속에 능금나무가 잎사귀와 꽃이 같은 푸르스름한 빛으로 우뚝 솟아 있다. 달밤의 색채는 반드시 흰빛과 묵화 빛만이 아니다. 달빛과 밤 빛이 짜내는 미묘한 색채 —— 자연은 이것을 그 현실의 색채 위에 쓰고 나타난다. 이것은 확실히 현실을 떠난 신비로운 치장이다. 그러나 달밤은 또한 이 신비로운 색채뿐이 아니다. 색채 외에 확실히 일종의 독특한 향기를 품고 있다. 알지 못할 그윽한 밤의 향기 —— 이것이 있기 때문에 달밤은 더 한층 아름다운 것이다. 인류가 태곳적부터 가진 이 낡은 달밤 —— 낡았다고 빛이 변하는 법 없이 마치 훌륭한 고전과 같이 언제든지 아름다운 달밤!

그러나 괴롬 많은 학수에게는 이 달밤의 아름다운 모양이 새삼스럽게 의식에 오르지 않았다. 금옥의 생각이 달보다 먼저 섰던 것이다. 만나는 마지막 밤에 다른 생각 다 젖혀 버리고 금옥이를 실컷 생각하고 그 아름답고 안타까운 마지막 기억을 마음 속에 곱게 접어 두고 싶었다.

초막 건너편 능금나무 사이에 금옥이가 나타났다. 능금꽃과 같은 빛으로 솟아 보이는 민출한 자태와 달빛에 젖은 오리 오리의 머리카락 —— 마지막으로 보는 이런 것이 지금까지 본 그 어느 때보다도 더 한층 아름다웠다.

"겨우 빠져 나왔어요."

너무도 밝은 달빛을 꺼리는 듯이 손등으로 얼굴을 가리우고 금옥이는 가까이 왔다.

"요새는 웬일인지 집안 사람들이 별로 나의 거동을 살피게 되었어요. 날이 가까웠으니 몸조심하라고 늘 당부하겠지요."

학수는 금옥이의 손을 잡으면서,

"며칠 안 남았군."

"그 소리는 그만두세요."

"그 날을 기다리는 생각이 어떻소?"

"놀리는 말씀예요."

"놀리다니, 내가 금옥이를 놀릴 권리가 있나?"

"그렇지 않아도 슬픈 마음을 바늘로 찌르는 셈예요."

"누가 누구의 마음을 찌르는고!"

"팔려 가는 몸을 비웃으려거든 그 날이 오기 전에 나를 어떻게든지 처치해 주세요."

"아, 어떻게 하면 좋은가! 나같이 힘없고 못생긴 놈이 또 있을까!"

말도 끝마치기 전에 학수에게는 참고 있던 울음이 탁 터져 나왔다. 목소리가 높아지며 어린아이 모양으로 엉엉 울었다. 금옥이의 얼굴도 달빛에 번적번적 빛났다.

그는 벌써 아까부터 학수의 눈에 뜨이지 않게 눈물을 흘리고 있었던 것이다.

"어떻게든지 처치해 주세요."

느끼는 목소리로 간신히 말하고 얼굴을 학수의 가슴에 푹 파묻었다. 울음소리가 별안간 높아졌다.

"처치라니, 지금의 나에게 무슨 힘이 있고 수단이 있나? 도망 —— 그것은 이야기 속에나 나오는 일이지. 맨주먹의 우리가 어떻게 그것을 하노."

학수는 가슴을 쥐어뜯었다.

"그것도 할 수 없다면 두 가지 길밖에는 없지요. 불쌍한 집안 사람들의 뜻은 어길 수가 없으니 그 날을 점잖게 기다리든지, 그렇지 않으면 내 한 목숨을 없애든지……."

금옥이의 목소리는 떨렸다. 며칠 동안에 눈에 띄우리만큼 여윈 것이 학수의 손에 다치는 그의 얼굴 모습으로도 알렸다. 턱이 몹시 얇아지고 손목이 놀라리만큼 가늘어졌다.

"어떻게 하면 좋은고."

학수는 괴로운 심장을 빼내 버린 듯이 몸부림을 쳤다.

"사람의 일이란 될 대로밖에 안 되는 것 같아요. —— 이것이 우리들이 만나는 마지막이 될는지도 모르지요."

울음 속에서도 금옥이의 태도는 부자연스러우리만큼 침착하다.

아무 해결도 없는 연극의 막을 닫는 듯이, 달이 구름 속에 숨기고 파도 소리가 별안간 요란히 들린다.

눈물에 젖은 금옥이의 치맛자락이 배꽃같이 시들었다.

모든 것을 단념한 후의 무서운 괴로움과 낙망 속에 금옥이의 혼인날이 가까워 왔다. 능금밭 초막에서 만난 밤 이후, 학수는 다시 금옥이를 만나지 못한 채 그 날을 당하였다.

통곡하는 마음을 부둥켜안고 학교에도 갈 생각 없이 그는 아침부터 바닷가로 나갔다.

무슨 심술로인지 공교롭게도 훌륭한 날씨이다. 너무도 찬란히 빛나는 햇빛에 학수는 얼굴을 정면으로 들기가 어려웠다. 한들한들 피어난 나뭇잎이 은가루같이 반짝반짝 빛났다. 굵게 모여 와서 깨뜨려지는 파도 조각에 눈이 부셨다. 정어리 냄새와 해초 냄새와 —— 그의 쇠잔한 가슴에는 너무도 센 바다 냄새가 흘러왔다.

포구에는 고깃배가 들어와 사람들의 요란히 떠드는 소리가 —— 생활의 노래가 멀리 흘러왔다. 사람 자취 없는 물녘에는 다만 햇빛과 바람과 파도 소리가 있을 뿐이다. 끝이 없는 먼 바다의 너무도 진한 빛에 눈동자가 —— 전신이 —— 푸르게 물드는 듯도 하다. 두 다리를 뻗고 앉아서 학수는 모래를 집어 바다에 뿌리면서 금옥이와 같이 물녘에서

놀던 가지가지의 장면을 추억하였다. 뿌리는 모래와 함께 모든 과거를 바닷속에 묻으려는 듯이 이제는 눈물도 없고 울음도 나오지 않았다. 다만 빠직빠직 타는 속에 바닷바람도 오히려 시원찮았다.

주머니 속에 지니고 왔던 하이네의 시집을 집어 냈다. 금옥이와 첫사랑을 말할 때 책장이 낡아 버리도록 읽던 하이네를 이제 마지막으로 또 한 번 되풀이하고 싶었다. 그것으로서 슬픈 첫사랑의 막을 내릴 작정이었다.

수없는 사랑의 노래와 실망의 노래 —— 아무 실감 없이 읽던 실망의 노래가 지금의 그에게 또렷한 감정을 가지고 가슴 속에 울려 왔다. 다음 시에 이르렀을 때 그는 그것을 두 번 세 번 거푸 읽었다. 그것은 곧 학수 자신의 정의 표시요 사랑을 묻은 묘의 비석이었다.

낡아빠진 노래의 가락 가락 음과
마음을 괴롭히는 꿈의 가지가지를
이제 모두 다 장사지내 버리련다
저 커다란 관을 가져오너라······
그리고 열두 사람의 장정을 데려오너라
쾰른의 절간에 있는
크리스트 성자의 상보다도 더 굳세인 열두 사람의 장정을
장정들에게 관을 지워서 바닷속 깊이 갖다 버려라
이렇게 큰 관을 묻으려면 커다란 묘가 필요할 터이지.

여기에서 그만 슬픔의 결말을 맺고 책을 덮어 버리려다가 그는 시의 힘에 끌리어 더욱더욱 책장을 넘겨 갔다. 낮이 지나고 해가 기울었다. 연지 찍고 눈을 감은 금옥이가 채 밑에서 신랑과 마주 앉아 상을 받고 있을 때였다. 학수는 모래 위에 누운 채 몸도 요동하지 않고 시에 열중

하였다.

　　가느다란 갈대 끝으로 모래 위에 쓰기를
　　'아그네스, 나는 너를 사랑하노라!'
　　그러나 심술궂은 파도가 한바탕 밀려와
　　이 아름다운 마음의 고백을 여지없이 지워 버렸다
　　약한 갈대여 무른 모래여
　　깨어지기 쉬운 파도여 너희들은 벌써 믿을 수 없구나
　　어두워지니 나의 마음 용달음치네
　　억센 손아귀로 노르웨이 숲 속에서
　　제일 큰 전나무 한 대 잡아 뽑아다
　　타오르는 에드나의 화산 속에 담가
　　새빨갛게 단 그 위대한 붓으로
　　어두운 하늘에 줄기차게 써 볼까
　　'아그네스, 나는 너를 사랑하노라!'

　학수는 두 번 세 번 거듭 여남은 번 이 시를 읽었다. 읽을수록 알지 못할 위대한 흥이 솟아 나왔다. '아그네스'를 '금옥이'로 고쳤다가 다시 여러 가지 다른 것으로 고쳐 보았다. '동무'로 해 보았다. '이 땅'을 놓아 보았다. 나중에는 '세상'으로 고쳐 보았다. 그것이 무엇이라고 꼬집어 말할 수 없는 위대한 감격이 가슴 속에 그득히 복받쳐 올라왔다.
　"백두산 꼭대기에서 제일 큰 참나무 한 대 뽑아다 이 가슴의 열정으로 시뻘겋게 달궈 가지고 어두운 하늘에 줄기차게 써 볼까. '그 무엇이여, 나는 너를 사랑하노라!'고."
　모래를 차고 학수는 벌떡 일어났다. 저물어 가는 바다가 아득하게 멀고 쉴새없이 날아오는 파도빗발에 전신이 축축이 젖었다.

그 날 밤에 학수는 며칠 전 문오와 같이 찾아갔던 후로는 다시 만나지 못한 용걸이를 찾아갔다. 오래 전에 빌려온 몇 권의 책자도 돌려보낼 겸.

독서에 열중하고 있던 용걸이는 책상 앞에서 몸을 돌리고 학수를 맞이하였다. 좁은 방에는 사면에 각색 표지의 책이 그득히 쌓여 있다. 그 책의 위치가 구름의 좌향같이 자주 변하였다. 책상 위에 펴 있는 두터운 책의 활자가 아물아물하게 검고 각테안경 속에 담은 동무의 열정이 시꺼멓게 빛났다. 열정에 빛나는 그 눈. 바다 같은 매력을 가지고 항상 학수의 마음을 끄는 것은 그 눈이었다. 깊고 광채 있고 믿음직한 그 눈이었다. 학교에 안 가도 좋고 눈에 뜨이게 하는 일 없이 그는 두 눈의 열정을 모아 날마다 독서에 열중하는 것이 일과였다.

그가 서울을 쫓겨 고향으로 내려온 지 거의 반 년이 넘는다. 근 사 년 동안 어떤 사립 학교에서 공부하다가 작년 가을에 휴교 사건으로 학교를 쫓겨난 후 즉시 고향으로 내려온 것이다. 학교를 쫓겨났다고 결코 실망하는 빛 없이 도리어 싱싱한 기운에 넘쳐 그는 고향을 찾아왔다. 부끄러워하는 대신에 그에게는 엄연한 자랑의 티조차 있었다. 그 부끄러워하지 않고 겁내는 법 없는 파들파들한 기운에 학수들은 처음에 적잖이 놀랐다. 그들의 어둡고 우울한 마음에 비겨 볼 때 용걸이의 그 파들파들한 기운 광채는 얼마나 부러운 것이던가. 같은 마을에서 같은 어린 시절을 보낸 그들을 이렇게 다른 두 길로 나누어 놓은 것은 용걸이가 고향을 떠난 사 년 동안의 시간이었다. 사 년 동안에 용걸이는 서울서 무엇을 배우고 무엇을 하고 그의 굳은 신념은 무엇에서 나왔던가를 학수는 문오와 같이 그의 집에 자주 드나드는 동안에 듣고 짐작하고 배워 왔다. 마을에서는 용걸이를 위험시하고 갖가지의 소문을 내었으나 그는 모든 것을 모르는 체하고 싱싱한 열정으로 공부에 열중하였다. 그 늠름한 태도가 또한 학수들의 마음을 끌고 잡아 흔들었다.

"요사이 번민이 심하지?"

용걸이는 학수의 사정을 대강 알고 그의 괴로움을 짐작할 수 있었다.

"아니 오늘 잔칫날 아닌가?"

다시 생각하고 용걸이는 검은 눈에 광채를 더하여 숭굴숭굴 웃었다.

학수에게 아무 대답이 없으니 용걸이는 웃음을 수습하고 어조를 변하였다.

"그러나 그런 개인적 번민은 누구에게나 한두 가지씩은 다 있는 것이네."

이어서,

"가지가지의 번민을 거치는 동안에 차차 사람이 되지."

경험 많은 노인과 같이 목소리가 침착하고 무겁다.

성공하지 못한 용걸이의 과거의 연애 사건을 학수도 잘 알고 있다. 근 일 년을 넘은 연애가 상대자의 의사와 그 집안의 반대로 깨어지고 말았다. 물론 그들의 반대의 이유가 용걸이의 가난에 있다는 것은 말하지 않아도 확실한 것이었다. 용걸이의 번민은 지금의 학수의 그것과 같이 컸었고 그의 생각에 큰 변동이 생긴 것도 이 때부터다. 그는 이를 갈고 독서에 열중하였다. 그러는 동안에 배척받은 열정을 정신적으로 바칠 다른 큰 것을 발견하였던 것이다.

"개인적 번민보다도 우리에게는 전 인류적 더 큰 번민이 있지 않은가."

드디어 이렇게 말하게까지 된 것이다.

"그러기 때문에 나도 오늘에는 개인적 번민을 청산하고 새로 솟는 위대한 열정을 얻었단 말이네."

하고 학수는 해변에서 느낀 감격이 사라질까를 두려워하는 듯이 흥분한 어조로 그 하루를 해변에서 지낸 이야기와 하이네 시에서 얻은 위대한 감격을 이야기하였다.

"하, 그렇게 훌륭한 시가 있던가 —— 읽은 지 오래여서 하이네도 이제는 다 잊어버렸군."

하이네의 시를 듣고 용걸이도 새삼스럽게 감탄하였다.

"백두산 꼭대기에서 제일 큰 참나무 한 대 잡아 뽑아다 이 가슴의 열정으로 시뻘겋게 달궈 가지고 어두운 하늘에 줄기차게 써 볼까. '짓밟힌 —— ×××이여 나는 너를 사랑하노라!'고."

'백두산'의 구절이 조금 편벽된 것 같다고는 하면서도 용걸이는 학수가 고친 이 시의 구절을 두 번 세 번 감동된 목소리로 읊었다.

"용걸이 있나?"

이 때에 귀익은 목소리가 나며 문이 펄떡 열렸다.

들어오는 것은 성안의 현규였다.

"현균가?"

학수는 그의 출현을 예측하지 않았기 때문에 오래간만의 그를 반갑게 바라보고 있다.

"공부 잘하나."

현규는 한껏 이렇게 대꾸하면서 학수를 보았다. 그만큼 그들의 관계와 교섭은 그다지 친밀한 것이 못 되었다. 그가 들어왔기 때문에 학수와 용걸이의 회화가 중턱에서 끊어졌고 또 학수가 있기 때문에 용걸이와 현규의 사이도 어울리지 아니하고 서먹서먹한 것 같았다.

현규 —— 그도 역시 용걸이와 같은 경우에 있었다. 학교를 중도에서 폐한 후로부터는 용걸이와 같은 길을 걷게 되었던 것이다. 두 사람은 자주 만났다. 그러나 그것은 결코 사람들의 눈에 역력히 뜨이지 않게 교묘하게 하였다. 용걸이는 학수를 만나 보는 것과는 또 다른 의도와 내용으로 현규와 만나는 것 같았다.

오늘 밤에도 그 무슨 일로 미리 약속하고 현규가 찾아온 것이 확실하리라 생각하고 학수는 그만 자리를 일어섰다.

"그러면 이번에는 이것을 가지고 가서 읽어 보게."

나가는 학수에게 용걸이는 두어 권의 작은 책자를 시렁에서 뽑아 주었다.

그것을 가지고 학수는 집을 나갔다.

기울어지는 반달이 흐릿하게 빛났다.

좁은 방에서 으슥하게 만나는 두 사람의 청년 —— 그 뜻깊은 풍경을 학수는 믿음직하게 마음 속에 그렸다.

무슨 새인지, 으슥한 밤중에 숲 속에서 우는 새 소리를 들으면서 희미한 발길을 더끔더끔 걸었다.

이튿날 학수는 수업료 미납으로 정학 처분 중에 있는 줄을 번연히 알면서도 오후부터 학교에 나갔다. 그 날 학우회 총회가 있는 것을 안 까닭이다. 학우회에는 기어이 출석할 생각이었다. 예산 편성 등으로 가난한 그들에게 직접 이해 관계가 큰 총회를 철모르는 어린 동무들에게 맡겨 망치고 싶지 않았던 것이다.

실습을 폐하고 총회는 오후부터 즉시 시작되었다. 사월에 열어야 할 총회가 일이 바쁜 까닭에 변칙적으로 오월에 들어가는 수가 많았다.

새로 선 강당은 요란하게 붙어 올랐다. 학생들은 하룻동안 실습이 없어진 그 사실만으로 벌써 흥분하고 기뻐하였다.

천장과 벽과 바닥의 새 재목 빛에 해가 비쳐 들어와 누렇게 반사하였다. 그 속에 수많은 얼굴이 떡잎같이 누르칙칙하게 빛났다. 재목 냄새와 땀 냄새에 강당 안은 금시에 기가 막혔다. 발벗은 학생이 많았다. 가끔 양말을 신은 사람이 있어도 다 떨어져 발허리만에 걸치고 있는 형편의 것이었다. 냄새가 몹시 났다. 맨발에는 개기름과 땀이 지르르 흘러 무더운 냄새가 파도같이 화끈화끈 넘쳐 밀려왔다.

여러 번 창을 열고 공기를 갈면서 회가 진행되었다.

교장의 사회가 끝난 후에 즉시 각 부 예산 편성 결정으로 들어갔다.

학교에서 작성한 예산안 초안을 앞에 놓고 와글와글 떠들기 시작하였다. 부마다 각각 자기의 부를 지키고 한 푼의 예산도 양보하지 않았다. 떠들고 뒤끓으며 별것 아니요 벌떼의 싸움이었다. 하다못해 공책 한 번 쥐어 본 적 없는 아무 부에도 속하지 않는 중간층의 학생들은 이 부에도 저 부에도 붙지 못하고 중간에서 유동하였다. 두 시간 동안이 지나도 각 부의 예산은 결정되지 못하였다.

뒷줄 벤치 위에 숨어 앉은 학수는 무더운 화기에 정신이 얼떨떨하였다. 지지할 만한 또렷한 한 부에 속하지 않은 그는 한 마디도 입을 열지 아니하고 싸우는 꼴들을 냉정히 바라보고 있을 뿐이었다. 생각으로는 운동의 각 부보다도 변론부, 음악부, 학예부 등을 지지하고 싶었으나 예산 편성이 끝난 후 열을 토하고 ××지 않으면 안 될 더 중대한 가지 가지의 조목을 위하여 그는 열정의 낭비를 피하고 입을 꾹 다물었다. 해마다 문제되는 스포츠 원정비의 적립을 철저히 반대할 일 —— (중략)

이것이 제일 중요한 조목이었다. 다음에 '학우회 기본금과 입회금의 적립 반대, 가족 실습의 수입 이익은 가족에게 분배할 일…….' 등등의 일반 학생의 이익을 위하여 싸워 뺏지 않으면 안 될 여러 가지 조목이 그의 가슴 속에 맴돌고 있었다.

거의 네 시간이 지났을 때에야 겨우 예산이 이럭저럭 결정되고 선수 원정비 시비에 들어갔다.

서울과의 거리가 먼 까닭에 스포츠, 더욱이 정구와 축구의 원정에는 막대한 비용이 들었다. 빈약한 학우회비만으로는 도저히 지출할 수 없는 까닭에 기왕에는 기부금 등으로 이럭저럭 미봉하여 왔으나, 금년부터는 매월 학우회비를 특별히 더하여 원정비로 채우려는 설이 학교 당국에서부터 일어났다. 이 제의를 총회에 걸어 그 시비를 결정하자는 것이었다.

교장의 설명이 있은 후 즉시 운동부장인 ××이가 직원 좌석에서 일어섰다. 개인 개인의 산만한 운동보다도 규율 있는 단체적 스포츠가 필요함을 그는 역설하고 그럼으로써 원정비 적립을 지지하라는 일장의 설화를 하였다.

학생들의 의견도 나기 전에 미리 뭇 의견의 방향을 결정하려는 그 심사가 괘씸하여서 학수는 벌떡 자리에서 일어서서 첫소리를 쳤다.

"지금 학우회비로서 지출할 수 없다면 원정은 그만두자. 우리들의 처지로 새로이 회비를 더 내서까지 원정을 갈 필요가 있는가?"

회장이 물 뿌린 듯이 고요하다.

어린 학생들은 대개 어떻게 하는 것이 옳을지를 몰라 갈팡질팡하는 때가 많다. 그것을 잘 아는 학수는 절실한 인상으로 그들을 다른 방향으로 인도하겠다고 그 자리에 선 채 말을 이었다.

"지금 수업료도 과한 가난한 농군의 자식인 우리들에게는 다만 이 이십 전이 결코 적은 돈이 아니다. 지금의 수업료조차 못 내서 쩔쩔매면서 이 위에 또 더 바칠 여유가 있는가. 철없는 맹동은 모두들 삼가자!"

그가 앉기가 바쁘게 다른 학년의 축구 선수가 한 사람 일어서서 잘 돌아가지 않는 혀로 원정의 필요를 말한 후, 기왕에 원정 가서 얻어 온 우승기 —— 그것을 영구히 학교의 것으로 만들 작정이니 원정을 후원하라고 거의 애걸하다시피 하였다.

우승기 —— 이것이 철모르는 눈을 어둡히고 이끄는 것임을 문득 느끼고 학수는 한층 목소리를 높였다.

"그렇게 말하는 너부터 잘 생각해 보아라. 한 사람의 선수를, 한 사람의 영웅을 내기 위하여 이 많은 사람이 마음에도 없는 희생을 당하여야 옳단 말이냐. 한 사람의 선수가 우리에게 무엇을 가져왔나, 우승기? 아무 잇속 없는 한 폭의 허수아비에 지나지 못한다. 학교의 명예? 대체 무엇하는 것이냐. 그 따위 명예가 우리에게 무슨 이익을 갖다 주었나. 우승기, 명예 —— 일종의 허영에 지나지 못하는 것이다. 동무들아, 선수 원정을 반대하자! 원정비 적립을 반대하자!"

"옳다!"

"원정비 반대다."

동의의 소리가 이 구석 저 구석에서 일어났다.

××이의 얼굴이 붉어지고 직원석이 수물수물 움직였다.

하급생 좌석에서 어린 학생이 일어서서 수물거리는 시선과 주의를 일신에 모았다. 등 뒤에 커다란 조각을 대인 양복을 입은 그는 이마에 빠지지 흐르는 땀을 씻으면서 가느다란 목소리를 내었다.

"실습, 이것이 우리에게는 훌륭한 운동이다. 이 외에 무슨 운동이 더 필요한가. 알맞은 체육이면 그만이지 우리에게 그 이상의 기술과 재주는 필요하지 않다. 가난한 우리는 너무도 건강하기 때문에 배가 고픈데 이 위에 더 운동까지 해서 배를 곯릴 것이 있는가?"

허리춤에서 수건을 뽑아서 땀을 씻고 한참 무주무주하다가 걸터앉았다. 그 희극적 효과에 웃음소리가 왁 터져나왔다. 수물거리는 강당 안을 정리하려고 학수는 다시 자리를 일어서서 목소리를 더 한층 높였다.

"옳다 —— (30자 생략) 괴로워하는 집안 사람들을 이 위에 더 괴롭힐 용기가 있는가. 수업료가 며칠 늦으면 담임 선생이 불러들여 학교를 그만두라고 은근히 퇴학을 권유할 때, (25자 생략) 우리는 우리들의 처지를 생각하여야 한다."

같은 형편과 생활에서 나온 절실한 실감이 동무들의 가슴을 흔들었다.

"그렇다."

"원정비 적립을 그만두자."

찬동의 소리가 강당을 들어 갈 듯이 요란히 울렸다.

"학수, 학수!"

요란한 가운데에서 별안간 날카로운 고함이 들렸다. 직원 좌석이 어지럽게 동요하고 그 속에서 ××이의 성낸 얼굴이 학수를 무섭게 노렸다.

"학수. 너는 당장에 퇴장하여라. 수업료도 안 내고 가만히 와서 총회에 출석할 권리가 없다."

(2백 줄 생략)

그는 아무 일도 안 일어났던 듯이 시치미를 떼고 천연스럽게 집으로 돌아갔다.

정주에서 어머니가 뛰어나왔다.

"학수야."

끄스른 얼굴과 심상치 않은 목소리에 학수는 황당한 어머니를 보았다.

"학수야. 금옥이가……."

어머니는 달려와서 그의 옷자락을 붙들었다.

"금옥이가……."

어머니의 눈에 그렁그렁하는 눈물을 보고 학수는 놀라서,

"금옥이가 어떻게 했단 말예요?"

"……떠났단다."

"예?"

"바다에 빠져서……."

"금옥이가 죽었단 말예요? 금옥이가……."

"대체 어떻게 된 노릇이냐. 혼인날 종일 네 이름만 부르더니 밤중에 신방을 도망해 나갔단다."

"그래 지금 어디 있어요? 지금 어디……."

"금옥이네 집안 식구들은 모두 바다에 몰려가 있다……. 아까 포구 사람이 달려와서 시체를 건졌다고 전했단다. 지금 모두 해변에 몰려가 있다."

"바다…… 금옥이."

학수는 엉겁결에 허둥지둥 뛰어나갔다. 바다로 향하여 오 리나 되는

길을 줄달음쳤다.

며칠 전에 학수가 사랑을 잊으려고 하이네를 읽으며 하루를 보낸 바로 그 자리를 금옥이는 마지막의 장소로 골랐던 것이다. 가지가지의 추억을 가진 그 곳을 특별히 고른 그 애처로운 마음을 학수는 더 한층 슬피 여겼다.

물녘에는 통곡 소리가 흘렀다. 집안 사람들은 시체를 둘러싸고 가슴을 뜯으며 어지럽게 울었다.

얼굴을 가리운 시체 —— 보기에도 참혹한 것이었다. 사람의 몸이 아니고 물통이었다. 입에서는 샘솟듯 물이 흘러나왔다. 혼인날 입은 새 복색 그대로였다. 바다에서 올린 지 얼마 안 되는지 전신에서 물이 지어서 흘렀다. 그 자리만 모래가 축축이 젖어 있다.

미칠 듯한 심사였다.

학수는 달려들어 그 자리에 푹 쓰러졌다. 수건을 벗기고 얼굴을 보았다. 물에 씻기운 연지의 자리가 이지러진 얼굴에 불그스레하게 퍼져 있다. 홉뜬 흰 눈이 원망하는 듯이 학수를 보았다.

"금옥이……."

얼굴이 돌같이 차다.

"왜 이리 빨리 갔소."

가슴이 터질 듯이 더워지며 눈물이 솟았다.

"학수, 어쩌자고 이렇게 놓았소."

금옥이의 어머니가 원망하는 듯이 학수를 보며 들고 있던 한 장의 사진을 주었다.

"학수의 사진을 품고 죽을 줄이야 꿈에나 생각하겠소."

받아 보니 언제인가 박아 준 그의 사진이었다. 학수 대신에 영혼 없는 사진을 품고 간 것이다.

겉장을 벗기니 물에 젖어 피어난 글씨가 흐릿하게 읽혔다.

학수, 나는 가오. 태산같이 막힌 골짜기에서 나는 제일 쉬운 이 길을 취하겠소. 당신에게만 정을 바친 채 맑은 몸으로 나는 가오. 혼자 간다고 결코 당신을 원망하지 않으리다. 공부 잘해서 가난한 집안을 구하시오.

"결국 내가 못난 탓이지……. 그러나 이렇게 쉽게 갈 줄이야 몰랐소."
학수는 시체를 무릎 위에 얹고 차디찬 얼굴을 어루만졌다.
"금옥아, 학수 왔다. 금옥아, 눈을 떠라."
어머니는 마주앉아서 찬 수족을 만지면서 몸을 전후로 요동하며 울었다.
"학수, 생사람을 잡았으니 어쩌란 말이오. 그러면 그렇다고 혼인 전에 진작 말이나 해 주었더면 좋지 않았겠소? 금옥이가 갔으니 어떻게 하면 좋소."
통곡하는 소리가 학수의 뼛속을 살근살근 갉아 내는 듯하였다.
"집으로 데리고 갑시다."
학수는 눈물을 수습하고 일어났다.
"금옥아, 이 꼴을 하고 집으로 다시 들어오려고 나갔더냐?"
금옥이의 아버지가 시체를 일으켰다.
"내가 업지요."
들것에 메우기가 너무도 가엾어서 학수는 시체를 등에 업었다.
돌같이 무거웠다. 중량밖에는 아무 감각이 없는 무감동한 육체였다. 똑똑 떨어지는 물이 모래 위와 길 위에 줄을 그었다.
　조그만 행렬이 길 위에 뻗쳤다.
　어두워 가는 벌판에 통곡 소리가 처량히 울렸다.
　짧은 그의 생애가 너무도 기구하여서 학수는 금옥이의 옆을 떠나지 않고 그를 지켰다.

피어오르는 향불의 향기 —— 일전에 능금밭에서 마지막으로 만났을 때 맡은 달밤의 향기와 너무도 뼈저린 대조였다.

촛불에 녹은 초가 눈물과 같이 흘러내렸다.

금옥이의 장삿날이 왔다.

진한 안개가 잔뜩 끼어 외로이 가는 어린 혼과도 같이 슬픈 날이었다.

너무도 짧은 장사의 행렬이었다. 빨리 간 그의 청춘과도 같이 너무도 짧은 —— 시집에서는 배반하고 나간 그의 혼을 끝까지 돌보지 아니하였고 장례는 전부 친가에서 서둘러 하였다.

상여 뒤에는 바로 학수가 서고 그 뒤에 집안 사람들이 따라 섰다.

짧은 행렬이 건듯하면 안개 속에 사라지려 하였다. 외로운 영혼을 남 몰래 고히 장사지내 버리려는 듯이.

앞에서 울리는 요령 소리조차 안개 속에 마디마디 사라져 버렸다.

학수의 속눈썹에도 안개가 진하게 맺혀 눈물과 함게 흘러내렸다.

어린 초목의 잎이 요령 소리에 떨리는 듯이 안개 속에서 가늘게 흔들렸다.

산모퉁이를 돌아 행렬은 산골짜기로 들어갔다.

묘지까지 이르렀을 때에 상여는 슬픔과 안개에 푹 젖었다.

주검을 묻는 것이 첫 경험인 학수에게는 그것이 너무도 끔찍한 짓같이 생각되어 뼈를 긁어 내는 듯도 한 느낌이었다.

젖은 흙 속에 살이 묻혀지는 것이다. 사람의 의식으로 이보다 더 참혹한 것이 있는가. 퍼붓는 눈물이 흙을 적시었나.

"너도 같이 가거라."

학수는 지니고 왔던 하이네 시집을 —— 해변에서 금옥이를 생각하며 읽던 그 시집을 금옥이의 관 위에 같이 던졌다. 금옥이를 보내는 마지막 선물로 그의 관 위에 뿌려 줄 꽃 대신으로 생전에 같이 읽던 노래를 던져 주었다. 그것은 동시에 그의 슬픈 과거를 영영 장사지내 버리는 셈도 되었다. 장사지내는 하이네 시집 속에서 '백두산 꼭대기에서 제일 큰 참나무 한 대 뽑아'의 위대한 열정을 얻은 것과 같이 금옥이의 죽음에서도 슬픔만이 온 것이 아니라 말할 수 없는 일종의 힘이 솟아 나왔다.

"그대의 혼을 지키면서 나는 나의 힘이 진할 때까지 일하고 싸워 보겠다."

시집과 관이 흙 속에 완전히 사라졌을 때에 학수는 그 위에 다시 흙을 뿌리며 피의 눈물과 말의 슬픔으로 그 조그만 묘를 다졌다.

어느덧 황혼이 짙어 안개가 더 깊었다.

"나도 떠나겠다."

어느 때까지 울어도 슬픔은 새로워질 뿐이지 한이 없었다.

학수는 시에서 얻은 열정과 죽음에서 얻은 힘을 가지고 묘 앞을 떠났다.

그러나 뒷걸음질하여 마을 길로 돌아서지 아니하고 고개를 향하여 앞으로 앞으로 걸음을 떼어 놓았다.

"어디로 가오?"

금옥이네 식구들이 물었다.

"고개 너머 먼 곳으로 가겠소."

"먼 곳이라니……."

"이 곳에서 무엇을 바라고 살겠소?"

대답하고 학수는 속으로 혼자 중얼거렸다.

"용걸이가 걸은 길을 밟도록 먼 곳에 가서 길을 닦겠소이다."

그들과 작별하고 학수는 고개로 향하였다.

고개 너머 정거장에서 기차를 타고 어디로든지 향할 작정이었다.

"어디로? 너무도 막연하다. —— 그러나 항상 막연한 데서 일은 열리고 시작되는 것이 아닌가. 막연한 모험과 비약 —— 이것이 없이 큰일을 할 수 있는가."

고개 위에 올라서니 거리가 내려다보이고 그 속에 정거장이 짐작되었다.

"아버지는? 집안 사람은?"

고향을 이별하는 마지막 순간에 그에게는 여러 가지의 생각이 한꺼번에 솟아올랐다.

"내가 학교를 충실히 다닌다고 아버지와 집안을 근본적으로 건질 수 있을까? 차라리 이제 가서 장래의 큰 길을 닦는 것만 같지 못하다."

중얼거리며 주먹을 지긋이 쥐었다.

"아버지여, 금옥이여, 문오들이며, 고향이여, —— 다 잘 있으오. 더 장한 얼굴로 다시 만날 날이 있으오리."

눈물을 뿌리고 학수는 고향을 등졌다. 한 걸음 두 걸음 고개를 걸어 내려가는 그의 마음 속에서는 결심이 한층 더 새로워질 뿐이었다.

사냥

연해 두어 번 총소리가 산 속에 울렸다. 몰이꾼의 행렬은 산등을 넘고 골짜기를 향하여 차차 옴츠러들었다. 발 밑에 요란히 울리는 떡갈잎 가랑잎의 어지러운 소리에 산을 싸고 도는 동무들의 고함도 귀 밖에 멀다. 상기된 눈앞에 민출한 자작나무의 허리가 유난스럽게도 희끔희끔 어린다.

수백 명 학생이 외줄로 늘어서 멀리 산을 둘러싸고 골짜기로 노루*를 모조리 내려모는 것이다. 골짜기 어귀에는 5, 6명의 포수가 등대하고 섰다. 노루를 빼울 위험은 포수 편에보다도 늘 포위선에 있다. 시끄러운 책임을 모면하기 위하여 몰이꾼들은 빽빽한 주의와 담력으로 포위선을 한결같이 경계하여야 된다. 적어도 눈앞에서 짐승을 놓쳐서는 안 되는 것이다.

"학년 사이에 연락을 긴밀히! ×학년 우익 급속 전진!"

＊노루 사슴과에 속하는 한 종. 몸이 아름답고 잘 놀라며 먼 데를 바라보는 버릇이 있음.

전령이 차례차례로 흘러온다. 일제히 내닫느라고 산이 가랑잎 소리에 묻혀 버렸다. 낙엽 속은 걷기 힘들다. 숨들이 막힌다. 학년의 앞장을 선 학보도 양쪽 동무와의 간격을 단단히 단속하면서 헐레벌떡거린다. 참나무 회초리가 사정없이 손등과 낯짝을 갈긴다. 발이 낙엽 속에 빠진다. 홧김에 손에 든 몽둥이로 나뭇가지를 후려치기도 멋없다.

'미친 짓이다. 노루는 잡아 무엇 한담.'

아까부터 —— 실상은 처음부터 이런 생각이 마음 속에 뱅 도는 것이었다. 노루잡이가 그다지 교육의 훈련이 될 듯도 싶지 않으며 쓸모없는 애매한 짐승을 일없이 잡음이 도무지 뜻없는 일 같다. 소풍이면 소풍, 거저 하루를 산 속에서 뛰고 노는 편이 더 즐겁지 않은가.

"인간이란 제 생각밖에는 못하는 잔인한 동물이다. 노루잡이는 무의미한 연중 행사이다."

기어이 입 밖에 내서까지 중얼거리게 되었다. 땀이 내배어 등어리가 끈끈하다. 별안간 포위선의 열이 어지럽게 움직이더니 몽둥이가 날며 날쌔게들 뛰어든다. 고함 소리가 산을 흔든다.

"노루 노루 노루!"

"우익 주의!"

개암나무 숲에 가리어 노루의 꼴조차 못 보고 어안이벙벙하여 있는 서슬에 송아지만한 노루는 별안간 학보의 곁을 쏜살같이 지나 포위선을 뚫었다. 학보는 거의 반사적으로 몽둥이를 휘두르며 좇았으나 민첩한 짐승은 순식간에 산등을 넘어 버렸다.

"또 한 마리. 놓치지 마라!"

고함과 함께 둘쨋마리가 어느 결엔지 성큼성큼 뛰어오다 겨르고 있는 학보의 자세를 보더니 옆으로 빗뛰어가, 이 역 약빠르게 뒷산으로 달아나 버렸다.

껑충한 귀여운 짐승 —— 극히 짧은 찰나의 생각이나 학보는 문득 놓친 것이 아까웠다. 동시에 겸연쩍고 부끄러운 느낌이 났다. 조롱하는 동무들의 말소리가 얼굴을 달게 하였다.

"바보, 노루 두 마리 찾아 내라."

요행히 잡은 것은 있었다. 망아지만한 한 마리가 배에 탄자를 맞고 쓰러져 있다. 쏜 포수는 쏠 때의 형편을 거듭 말하며 은근히 오늘의 수완을 자랑하는 눈치였다. 다른 포수들은 잠자코만 있었다. 소득이 있으므로 동무들의 문책은 덜해졌으나 학보는 검붉은 피를 흘리고 쓰러진 가여운 짐승을 볼 때 문득 반항심이 솟아오르며, 소득을 기뻐하는 몹쓸 무리가 한없이 미워지고 쏜 포수의 잔등을 총부리로 쳐서 거꾸러뜨리고도 싶은 충동이 왔다.

품 안에 들어온 두 마리의 짐승을 놓친 것이 얼마나 다행인가. 위대한 공같이도 생각되었다. 잃어진 한 마리를 찾느라고 애닯은 가족들이 이 밤에 얼마나 산 속을 헤매일까를 생각하면 뼈가 결렸다. 인간의 잔인성이 갑절로 미워지며 '인간 중심주의'의 무도한 사상에 다시 침뱉고 싶었다.

죽은 짐승을 생각하고 며칠을 마음이 언짢았다. 3, 4일이 지난 후에 겨우 입맛도 돌아섰다. 때가 유난스럽게도 맛났다. 기어이 학보는 그 날 밤의 진미의 고기를 물어 보았다.

"장에 났더라. 노루고기다."

어머니의 대답에 불현듯이 구미가 없어지며 숟가락을 던져 버렸다.

"노루고긴 왜 사요."

퉁명스런 짜증에 어머니는 도리어 어안이벙벙한 모양이었다. 학보는 먹은 것을 모두 게우고도 싶었다. 결국 고기를 먹지 말아야 옳을까. 하기는 다시 더 생각이 날 것 같지도 않았다.

부록

작가와 작품 스터디

● 이효석 (1907~1942, 호는 가산)

강원도 평창에서 태어났으며, 경성 제일 고보를 거쳐 경성 제대 영문과를 졸업했다. 1925년 〈매일 신보〉에 시 〈봄〉이 당선되었으며, 1928년에 노동자의 생활을 그린 단편 소설 〈도시와 유령〉을 〈조선지광〉에 발표하면서 본격적인 작품 활동을 시작했다. 이 무렵에는 선배인 유진오와 함께 동반 작가로 활동했다.

어려운 가정 형편으로 조선 총독부 검열계에 취직했으나 주위 사람들의 비난을 견디지 못하고 그만둔 뒤, 경성으로 내려가 농업 학교의 영어 교사로 취직했다. 이 때부터 글을 쓰는 일에 전념하여 1940년까지 해마다 10여 편에 이르는 소설을 발표했다.

작품 활동 초기에는 경향성이 짙은 〈노령 근해〉, 〈상륙〉과 같은 작품들을 발표하였으나, 서서히 작품의 성격을 달리하여 〈돈〉, 〈수탉〉과 같은 순수 문학을 선보였다. 그러다가 1933년 구인회에 가입한 이후 본격적으로 순수 문학을 추구했다.

이듬해 평양 숭실 전문학교 교수로 전임한 뒤 의욕적으로 창작 활동을 하여 〈메밀꽃 필 무렵〉, 〈장미 병들다〉, 〈화분〉 등 향토성이 짙고 인간의 본능을 다룬 작품을 많이 발표했다.

1940년에 아내가 죽고 세살 난 아들마저 잃은 뒤 시름을 떨쳐 버리고자 중국과 만주 등지로 방황하였다. 이듬해 귀국하였으나 건강을 제대로 돌보지 못한 탓에 뇌막염에 걸려, 1942년 언어 불능과 의식 불명 상태에서 36세의 나이로 요절하였다.

주요 작품으로는 〈분녀〉, 〈메밀꽃 필 무렵〉, 〈낙엽을 태우면서〉, 〈장미 병들다〉, 〈화분〉, 〈벽공무한〉 등이 있다.

● **메밀꽃 필 무렵**   봉평장이 열린 날, 동료 조 선달과 함께 술집에 들른 허 생원은 젊은 장돌뱅이 동이가 계집과 노는 것을 보고 괜실히 화가 나서 그를 야단쳐 내쫓지만, 동이는 허 생원의 나귀가 날뛰는 것을 알려 준다. 그리하여 일행이 된 세 사람은 다음 장을 위해 밤길을 나서고 허 생원은 자신이 젊은 시절 봉평에서 성 서방네 처녀를 만나 하룻밤 인연을 맺은 일을 이야기한다. 그러던 중 동이의 홀어머니 고향이 봉평이라는 말을 들은 허 생원은 놀라서 개울에 빠진다. 동이의 등에 업혀 나오는 허 생원은 웬지 모를 따스함을 느끼고 동이와 함께 제천으로 갈 생각을 한다. 허 생원은 어둠 속에서 동이가 자신과 같은 왼손잡이임을 본다.

● **장미 병들다**   극단 '문화좌'의 일원인 현보와 남죽은 검열에 걸려 극단이 해체되자 며칠을 방황한다. 7년 전에 남죽을 안 현보는 당시 남죽을 보며 꿈을 지닌 한 송이 꽃이라고 생각했었다. 고향에 갈 여비가 없는 남죽은 바에서 부랑자로 유명한 김 장로의 아들과 춤을 추고 이 모습에 화가 난 현보는 남죽을 끌고 나온 뒤 하룻밤을 보낸다. 현보가 남죽의 여비를 위해 며칠을 기회를 보다 집에서 예금 통장을 훔쳐 내지만 이미 남죽은 떠난 뒤다. 남죽이 김 장로의 아들을 꼬여 하룻밤을 보내고 돈을 털어 고향에 간 것을 안 현보는 마음이 씁쓸한 한편, 성병에 걸려 고생을 한다.

● **수탉**   을손은 동무들과 함께 농장의 능금을 몰래 따다 걸려 무기 정학을 당한다. 학교를 못 가는 괴로움도 있지만 배운 지식을 써 먹을 농토조차 없는 가난한 현실이 답답하기만 하다. 수업료를 위해 기르는 수탉 중 유독 한 마리가 매번 싸움에서도 지고 다리도 절룩거리며 제 구실도 못하는 것이 을손은 마치 자신 같아서 꼴 보기가 싫다. 장래를 약속했던 복녀는 정학 사건 이후로 을손에게 실망하여 다른 남자와 정혼을 약속하고, 또 싸움에 져서 한쪽 눈까지 찌그러진 수탉이 나타나자 화가 난 을손은 물건을 집어 던지고 수탉은 정통으로 맞아 고꾸라졌다.

논술 가이드

〈메밀꽃 필 무렵〉의 두 대목입니다. 제시문을 읽고 다음 문제에 답하시오.
[문항 1]

> "이상한 일도 많지. 거기서 난데없는 성 서방네 처녀와 마주쳤단 말이야.
> 봉평서야 제일가는 일색이었지." (중략)
> "…… 그러나 처녀란 울 때같이 정을 끄는 때가 있을까. 처음에는 놀라기
> 도 한 눈치였으나, 걱정 있을 때는 누그러지기도 쉬운 듯해서 이럭저럭 이
> 야기가 되었네. …… 생각하면 무섭고도 기막힌 밤이었어."

> "부끄러워서 말하지 않으려 했으나 정말예요. 제천 촌에서 달도 차지 않은
> 아이를 낳고 어머니는 집을 쫓겨났죠. 우스운 이야기나, 그러기 때문에 지
> 금까지 아버지 얼굴도 본 적 없고 있는 고장도 모르고 지내 와요."

(1) 첫번째 대목은 허 생원이 성 서방네 처녀를 만난 때를 회상하는 부분이
고, 두 번째 대목은 동이가 아버지 얼굴도 모르는 사생아임을 밝히는 부분입니
다. 두 사람이 부자지간임을 확실히 짐작할 수 있는 대목은 어디인지 찾아 봅
시다.

----

(2) 허 생원은 결국 동이와 함께 제천으로 향하게 됩니다. 이 소설의 뒷부분
이 있다면 어떤 내용이 펼쳐질 것인지 상상해 봅시다.

〈돈〉의 두 대목입니다. 제시문을 읽고 다음 문제에 답하시오.

[문항 2]

기름이 자르르 흐르는 새까만 자웅을 식이는 사람보다도 더 귀히 여겨 갓 사 왔던 무렵에는 우리에 넣기가 아까워 그의 방 한 구석에 짚을 펴고 그 위에 재우기까지 하던 것이, 젖이 그리워서인지 한 달도 못 돼서 수놈이 죽었다. 나머지의 암놈을 식이는 애지중지하여 단 한 벌인 그의 밥그릇에 물을 받아 먹이기까지 하였다. 물도 먹지 않고 꿀꿀 앓을 때에는 그는 나무하러 가는 것도 그만두고 종일 짐승의 시중을 들었다.

"아, 돼지가 치였다니, 두 번이나 종묘장에 가서 씨받은 내 돼지, 암돼지, 양돼지……." (중략)
'한 방에서 잠재우고, 한 그릇에 물 먹여서 기른 돼지, 불쌍한 돼지…….'
정신이 아찔하고 일신이 허전하여서 식이는 금시에 그 자리에 푹 쓰러질 것도 같았다.

(1) 첫번째 대목은 식이가 푼푼이 모은 돈으로 갓난 양돼지를 사서 애지중지 돌보는 모습입니다. 식이가 돼지에 유난히 애착을 가지고 키운 까닭은 무엇인지 서술해 봅시다.

----

(2) 두 번째 대목은 이 작품의 마지막 장면입니다. 돼지를 잃은 식이의 마음이 어떨지 상상해 봅시다.

〈들〉의 한 대목입니다. 제시문을 읽고 다음 문제에 답하시오.

[문항 3]

어떻게 할까 망설이다가 그에게까지 기일 바 못 되어 기어코 고기잡이 이야기와 따라서 옥분과의 곡절을 은연중 귀띔하여 주게 되었다.

이상한 것은 그의 태도였다.

"명예의 부상일세그려."

놀리고는 걱실걱실 웃는 것이다. 웃다가 문득 그치더니,

"이왕 말이 났으니 나도 내 비밀을 게울 수밖에는 없게 되었네그려."

정색하고 말을 풀어냈다.

"옥분이. ── 나도 그와는 남이 아니야."

어안이 벙벙한 나의 어깨를 치며,

"생각하면 득추와 파혼된 후로부터는 달뜬 마음이 허랑해진 모양이데, 일종의 자포 자기야. 죽일 놈은 득추지. 옥분의 형편이 가엾기는 해."

(1) 옥분은 원래 득추와 혼인을 하게 되어 있었으나 가난함이 문제가 되어 파혼을 당했습니다. 그 후로 옥분은 자포 자기의 심정으로 지냅니다. 이런 옥분의 행동이 과연 옳을까요? 만약 자신이 옥분이라면 어떻게 행동했을지 서술해 봅시다.

----

(2) 이 작품에는 들에 대한 주인공의 애정이 잘 나타나 있습니다. '들'이라는 자연은 우리에게 어떤 역할을 할까요? 본문을 참고하면서 생각해 봅시다.

〈수탉〉의 두 대목입니다. 제시문을 읽고 다음 문제에 답하시오.

[문항 4]

> 그 두 마리 중에서도 못난 한 마리의 수탉——. 가장 초라한 꼴이었다. 허울이 변변치 못한 위에 이웃집 닭과 싸우면 판판이 졌다. (중략)
>
> 우리 안의 닭의 무리가 눈에 나보였다. 가운데에서도 못난 수탉이 꼴은 한층 더 초라하다. 고추장에 밥을 비벼 먹여도 이웃집 닭에게 지는 가련한 신세가 보기에도 안타까웠다.
>
> 못난 수탉, 내 꼴이 아닌가…… 을손은 화가 버럭 났다.

> 복녀는 의지의 여자였다. 반 년 동안의 원잠종 제조소의 견습생 강습을 마친 터라, 오는 봄부터는 면의 잠업 지도생으로 나갈 처지였다. 건듯하면 게을리되는 을손의 공부를 권하여 주고 매질하여 주는 복녀였다. 학교를 마치면 맞들고 벌자는 언약이었으나 을손의 이번 실수가 복녀를 실망시킨 것은 확실하였다.

(1) 첫번째 대목에서 을손은 못난 수탉이 마치 자신의 모습인 것만 같은 생각이 들어 화가 났습니다. 왜 그렇게 느꼈을까요? 본문을 참고하여 생각해 봅시다.

----

(2) 두 번째 대목을 참고하면서 복녀가 을손에게 실망한 것은 무엇 때문이며, 을손의 문제점은 무엇인지 생각해 봅시다.

〈베스트논술 한국대표문학〉(전60권) 목록

권별	작품	작가
1	무정 I	이광수
2	무정 II	이광수
3	무명 · 꿈 · 옥수수 · 할멈	이광수
4	감자 · 시골 황 서방 · 광화사 · 붉은 산 · 김연실전 외	김동인
5	발가락이 닮았다 · 왕부의 낙조 · 전제자 · 명문 외	김동인
6	배따라기 · 약한 자의 슬픔 · 광염 소나타 외	김동인
7	B사감과 러브레터 · 서투른 도적 · 술 권하는 사회 · 빈처 외	현진건
8	운수 좋은 날 · 까막잡기 · 연애의 청산 · 정조와 약가 외	현진건
9	벙어리 삼룡이 · 뽕 · 젊은이의 시절 · 행랑 자식 외	나도향
10	물레방아 · 꿈 · 계집 하인 · 별을 안거든 우지나 말 걸 외	나도향
11	상록수 I	심훈
12	상록수 II	심훈
13	탈춤 · 황공의 최후 / 적빈 · 꺼래이 · 혼명에서 외	심훈 / 백신애
14	태평 천하	채만식
15	레디메이드 인생 · 순공 있는 일요일 · 쑥국새 외	채만식
16	명일 · 미스터 방 · 민족의 죄인 · 병이 낫거든 외	채만식
17	동백꽃 · 산골 나그네 · 노다지 · 총각과 맹꽁이 외	김유정
18	금 따는 콩밭 · 봄봄 · 따라지 · 소낙비 · 만무방 외	김유정
19	백치 아다다 · 마부 · 병풍에 그린 닭이 · 신기루 외	계용묵
20	표본실의 청개구리 · 두 파산 · 이사 외 / 모범 경작생	염상섭 / 박영준
21	탈출기 · 홍염 · 고국 · 그믐밤 · 폭군 · 박돌의 죽음 외	최서해
22	메밀꽃 필 무렵 · 낙엽기 · 돈 · 석류 · 들 · 수탉 외	이효석
23	분녀 · 개살구 · 산 · 오리온과 능금 · 가을과 산양 외	이효석
24	무녀도 · 역마 · 까치 소리 · 화랑의 후예 · 등신불 외	김동리
25	하수도 공사 / 지맥 / 그 날의 햇빛은 · 갈가마귀 그 소리	박화성 / 최정희 / 손소희
26	지하촌 · 소금 · 원고료 이백 원 외 / 경희	강경애 / 나혜석
27	제3인간형 / 제일과 제일장 외 / 사랑 손님과 어머니 외	안수길 / 이무영 / 주요섭
28	날개 · 오감도 · 지주 회시 · 환시기 · 실화 · 권태 외	이상
29	봉별기 · 종생기 · 조춘점묘 · 지도의 암실 · 추등잡필	이상
30	화수분 외 / 김 강사와 T교수 · 창랑 정기 / 성황당	전영택 / 유진오 / 정비석

권별	작품	작가
31	민촌 / 해방 전후 · 달밤 외 / 과도기 · 강아지	이기영 / 이태준 / 한설야
32	소설가 구보씨의 일일 / 장삼이사 · 비오는 길 / 석공 조합 대표 / 낙동강 · 농촌 사람들 · 저기압	박태원 / 최명익 / 송영 / 조명희
33	모래톱 이야기 · 사하촌 외 / 갯마을 / 혈맥 / 전황당인보기	김정한 / 오영수 / 김영수 / 정한숙
34	바비도 외 / 요한 시집 / 젊은 느티나무 외 / 실비명 외	김성한 / 장용학 / 강신재 / 김이석
35	잉여 인간 / 불꽃 / 꺼삐딴 리 · 사수 / 연기된 재판	손창섭 / 선우휘 / 전광용 / 유주현
36	탈향 외 / 수난 이대 외 / 유예 / 오발탄 외 / 4월의 끝	이호철/ 하근찬/ 오상원/ 이범선/ 한수산
37	총독의 소리 / 유형의 땅 / 세례 요한의 돌	최인훈 / 조정래 / 정을병
38	어둠의 혼 / 개미귀신 / 무진 기행 · 서울 1964년 겨울 외	김원일 / 이외수 / 김승옥
39	뫼비우스의 띠 / 악령 / 식구	조세희 / 김주영 / 박범신
	관촌 수필 / 기억 속의 들꽃 / 젊은 날의 초상	이문구 / 윤흥길 / 이문열
40	김소월 시집	김소월
41	윤동주 시집	윤동주
42	한용운 시집	한용운
43	한국 고전 시가와 수필	유리왕 외
44	한국 대표 수필선	김진섭 외
45	한국 대표 시조선	이규보 외
46	한국 대표 시선	최남선 외
47	혈의 누 · 모란봉	이인직
48	귀의 성	이인직
49	금수 회의록 · 공진회 / 추월색	안국선 / 최찬식
50	자유종 · 구마검 / 애국부인전 / 꿈하늘	이해조 / 장지연 / 신채호
51	삼국유사	일연
52	금오신화 / 홍길동전 / 임진록	김시습 / 허균 / 작자 미상
53	인현왕후전 / 계축일기	작자 미상
54	난중일기	이순신
55	흥부전 / 장화홍련전 / 토끼전 / 배비장전	작자 미상
56	춘향전 / 심청전 / 박씨전	작자 미상
57	구운몽 · 사씨 남정기	김만중
58	한중록	혜경궁 홍씨
59	열하일기	박지원
60	목민심서	정약용

〈베스트 논술 한국대표문학〉에 실린 소설과 교과서 대조표

* 〈베스트 논술 한국대표문학〉에 실린 소설과 현행 국어 · 문학 18종 교과서의 수록 내용을 비교 · 분석하였다.

● 초등 학교 교과서(국어)

금오신화, 구운몽, 심청전, 흥부전, 토끼전, 박씨전, 장화홍련전, 홍길동전

● 국정 교과서

작품	작가	교과목
고향	현진건	고등 학교 문법
동백꽃	김유정	중학교 국어 2-1, 중학교 국어 3-1
벙어리 삼룡이	나도향	중학교 국어 1-1
봄봄	김유정	고등 학교 국어(상)
사랑 손님과 어머니	주요섭	중학교 국어 2-1
오발탄	이범선	중학교 국어 3-1
운수 좋은 날	현진건	중학교 국어 3-1

● 고등 학교 문학 교과서

작품	작품	출판사
감자	김동인	교학, 지학, 디딤돌, 상문
갯마을	오영수	문원, 형설
고향	현진건	두산, 지학, 청문, 중앙, 교학, 문원, 민중, 블랙, 디딤돌
관촌 수필	이문구	지학, 문원, 블랙
광염 소나타	김동인	천재, 태성

금 따는 콩밭	김유정	중앙
금수회의록	안국선	지학, 문원, 블랙, 교학, 대한, 태성, 청문, 디딤돌
김 강사와 T교수	유진오	중앙
까마귀	이태준	민중
꺼삐딴 리	전광용	지학, 중앙, 두산, 블랙, 디딤돌, 천재, 케이스
날개	이상	문원, 교학, 중앙, 민중, 천재, 형설, 청문, 태성, 케이스
논 이야기	채만식	두산, 상문, 중앙, 교학
닳아지는 살들	이호철	천재, 청문
동백꽃	김유정	금성, 두산, 블랙, 교학, 상문, 중앙, 지학, 태성, 형설, 디딤돌, 케이스
두 파산	염상섭	문원, 상문, 천재, 교학
등신불	김동리	중앙, 두산
만무방	김유정	민중, 천재, 두산
메밀꽃 필 무렵	이효석	금성, 상문, 중앙, 교학, 문원, 민중, 블랙, 디딤돌, 지학, 청문, 천재, 케이스
모래톱 이야기	김정한	디딤돌, 교학, 문원
모범경작생	박영준	중앙
뫼비우스의 띠	조세희	두산, 블랙
무녀도	김동리	천재, 지학, 청문, 금성, 문원, 민중, 케이스

작품	작가	출판사
무정	이광수	디딤돌, 금성, 두산, 교학, 한교
무진기행	김승옥	두산, 천재, 태성, 교학, 문원, 민중, 케이스
바비도	김성한	민중, 상문
배따라기	김동인	상문, 형설, 중앙
벙어리 삼룡이	나도향	민중
복덕방	이태준	블랙, 교학
봄봄	김유정	디딤돌, 문원
붉은 산	김동인	중앙
B사감과 러브레터	현진건	교학
사랑 손님과 어머니	주요섭	중앙, 디딤돌, 민중, 상문
사수	전광용	두산
사하촌	김정한	중앙, 문원, 민중
산	이효석	문원, 형설
서울, 1964년 겨울	김승옥	문원, 블랙, 천재, 교학, 지학, 중앙
성황당	정비석	형설
소설가 구보씨의 일일	박태원	중앙, 천재, 교학, 대한, 형설, 문원, 민중
수난 이대	하근찬	교학, 지학, 중앙, 문원, 민중, 디딤돌, 케이스
애국부인전	장지연	지학, 한교
어둠의 혼	김원일	천재
역마	김동리	교학, 두산, 천재, 태성, 형설, 상문, 디딤돌

작품	작가	출판사
역사	김승옥	중앙
오발탄	이범선	교학, 중앙, 금성, 두산
요한 시집	장용학	교학
운수 좋은 날	현진건	금성, 문원, 천재, 지학, 민중, 두산, 디딤돌, 케이스
유예	오상원	블랙, 천재, 중앙, 교학, 디딤돌, 민중
자유종	이해조	지학, 한교
장삼이사	최명익	천재
전황당인보기	정한숙	중앙
젊은 날의 초상	이문열	지학
젊은 느티나무	강신재	블랙, 중앙, 문원, 상문
제일과 제일장	이무영	중앙
치숙	채만식	문원, 청문, 중앙, 민중, 상문, 케이스
탈출기	최서해	형설, 두산, 민중
탈향	이호철	케이스
태평 천하	채만식	지학, 금성, 블랙, 교학, 형설, 태성, 디딤돌
표본실의 청개구리	염상섭	금성
학마을 사람들	이범선	민중
할머니의 죽음	현진건	중앙
해방 전후	이태준	천재
혈의 누	이인직	천재, 금성, 민중, 교학, 태성, 청문
홍염	최서해	상문, 지학, 금성, 두산, 케이스
화수분	전영택	태성, 중앙, 디딤돌, 블랙

〈베스트 논술 한국대표문학〉에 실린 시와 교과서 대조표

* 〈베스트 논술 한국대표문학〉에 실린 시와 현행 국어·문학 18종 교과서의 수록 내용을 비교·분석하였다.

작품	작가	출판사
가는 길	김소월	지학, 블랙, 민중
가을의 기도	김현승	블랙
겨울 바다	김남조	지학
고향	백석	형설
국경의 밤	김동환	지학, 천재, 금성, 블랙, 태성
국화 옆에서	서정주	민중
귀천	천상병	지학, 디딤돌
귀촉도	서정주	지학
그 날이 오면	심훈	지학, 블랙, 교학, 중앙
그대들 돌아오시니	정지용	두산
그 먼 나라를 알으십니까	신석정	교학, 대한
껍데기는 가라	신동엽	지학, 천재, 금성, 블랙, 교학, 한교, 상문, 형설, 청문
꽃	김춘수	금성, 문원, 교학, 중앙, 형설
끝없는 강물이 흐르네	김영랑	디딤, 교학
나그네	박목월	천재, 블랙, 중앙, 한교
나룻배와 행인	한용운	문원, 블랙, 대한, 형설
남신의주 유동 박시봉방	백석	지학, 두산, 상문

작품	작가	출판사
남으로 창을 내겠소	김상용	지학, 한교, 상문
내 마음은	김동명	중앙, 상문
내 마음을 아실 이	김영랑	한교
농무	신경림	지학, 디딤, 금성, 블랙, 교학, 형설, 청문
누가 하늘을 보았다 하는가	신동엽	두산
눈길	고은	문원
님의 침묵	한용운	지학, 천재, 두산, 교학, 민중, 한교, 태성, 디딤돌
떠나가는 배	박용철	지학, 한교
머슴 대길이	고은	디딤돌, 천재
먼 후일	김소월	청문
모란이 피기까지는	김영랑	지학, 천재, 금성, 형설
목계 장터	신경림	문원, 한교, 청문
목마와 숙녀	박인환	민중
바다와 나비	김기림	금성, 블랙, 한교, 대한, 형설
바위	유치환	금성, 문원, 중앙, 한교
별 헤는 밤	윤동주	문원, 민중
봄은 간다	김억	한교, 교학
봄은 고양이로다	이장희	블랙

작품	작가	출판사
불놀이	주요한	금성, 형설
빼앗긴 들에도 봄은 오는가	이상화	지학, 천재, 문원, 블랙, 디딤돌, 중앙
산 너머 남촌에는	김동환	천재, 블랙, 민중
산유화	김소월	두산, 민중
살아 있는 것이 있다면	박인환	대한, 교학
살아 있는 날은	이해인	교학
생명의 서	유치환	한교, 대한
샤갈의 마을에 내리는 눈	김춘수	지학, 블랙, 태성
서시	윤동주	디딤돌, 민중
설일	김남조	교학
성묘	고은	교학
성북동 비둘기	김광섭	지학
쉽게 씌어진 시	윤동주	지학, 디딤돌, 중앙
승무	조지훈	지학, 디딤돌, 금성
알 수 없어요	한용운	중앙, 대한
어서 너는 오너라	박두진	디딤돌, 금성, 한교, 교학
오감도	이상	디딤돌, 대한
와사등	김광균	민중
우리가 물이 되어	강은교	지학, 문원, 교학, 형설, 청문, 디딤돌
우리 오빠의 화로	임화	디딤돌, 대한
울음이 타는 가을 강	박재삼	지학, 교학
자수	허영자	교학

작품	작가	출판사
자화상	노천명	민중
절정	이육사	지학, 천재, 금성, 두산, 문원, 블랙, 교학, 태성, 청문, 디딤돌
접동새	김소월	교학, 한교
조그만 사랑 노래	황동규	문원, 중앙
즐거운 편지	황동규	지학, 형설, 청문
진달래꽃	김소월	천재, 태성
청노루	박목월	지학, 문원, 상문
초토의 시 8	구상	지학, 천재, 두산, 상문, 태성
초혼	김소월	디딤돌, 금성, 문원
타는 목마름으로	김지하	디딤돌, 금성, 문원, 민중
풀	김수영	지학, 금성, 민중, 한교, 태성
프란츠 카프카	오규원	천재, 태성
피아노	전봉건	태성
해	박두진	두산, 블랙, 민중, 형설
해에게서 소년에게	최남선	지학, 천재, 금성, 두산, 문원, 민중, 한교, 대한, 형설, 태성, 청문, 디딤돌
향수	정지용	지학, 문원, 블랙, 교학, 한교, 상문, 청문, 디딤돌

〈베스트 논술 한국대표문학〉에 실린 시조와 교과서 대조표

* 〈베스트 논술 한국대표문학〉에 실린 시조와 현행 국어·문학 18종 교과서의 수록 내용을 비교·분석하였다.

작품	작가	출판사
가노라 삼각산아	김상헌	교학, 형설
가마귀 눈비 맞아	백팽년	교학
가마귀 싸우는 골에	정몽주 어머니	교학
강호 사시가	맹사성	디딤돌, 두산, 교학
고산구곡	이이	한교
공명을 즐겨 마라	김삼현	지학
구름이 무심탄 말이	이존오	천재
국화야 너난 어이	이정보	블랙
녹초 청강상에	서익	지학
농암가	이현보	민중
뉘라서 가마귀를	박효관	교학
님 그린 상사몽이	박효관	천재
대추볼 붉은 골에	황희	중앙
도산 십이곡	이황	디딤돌, 블랙, 민중, 형설, 태성
동짓달 기나긴 밤을	황진이	지학, 천재, 금성, 두산, 문원, 교학, 상문, 대한
마음이 어린후니	서경덕	지학, 금성, 블랙, 한교
말없는 청산이요	성혼	지학, 천재
방안에 혔는 촛불	이개	천재, 금성, 교학
백구야 말 물어보자	김천택	지학
백설이 자자진 골에	이색	지학
삭풍은 나무끝에	김종서	중앙, 형설
산촌에 눈이 오니	신흠	지학

작품	작가	출판사
삼동에 베옷 닙고	조식	지학, 형설
산인교 나린 물이	정도전	천재
수양산 바라보며	성삼문	천재, 교학
십년을 경영하여	송순	지학, 금성, 블랙, 중앙, 한교, 상문, 대한, 형설
어리고 성긴 매화	안민영	형설
어부사시사	윤선도	금성, 문원, 민중, 상문, 대한, 형설, 청문
오리의 짧은 다리	김구	청문
오백년 도읍지를	길재	블랙, 청문
오우가	윤선도	형설
이몸이 죽어가서	성삼문	지학, 두산, 민중, 대한, 형설
이시렴 부디 갈다	성종	지학
이화에 월백하고	이조년	디딤돌, 천재, 두산
이화우 흣뿌릴 제	계랑	한교
재너머 성권농 집에	정철	천재, 형설
천만리 머나먼 길에	왕방연	문원, 블랙
청산리 벽계수야	황진이	지학
추강에 밤이 드니	월산대군	천재, 금성, 민중
춘산에 눈녹인 바람	우탁	디딤돌
풍상이 섞어 친 날에	송순	지학, 청문
한손에 막대 잡고	우탁	금성
훈민가	정철	지학, 금성
흥망이 유수하니	원천석	천재, 중앙, 한교, 디딤돌, 대한

〈베스트 논술 한국대표문학〉에 실린 수필과 교과서 대조표

* 〈베스트 논술 한국대표문학〉에 실린 수필과 현행 국어 · 문학 18종 교과서의 수록 내용을 비교 · 분석하였다.

작품	작가	출판사
가난한 날의 행복	김소운	천재
가람 일기	이병기	지학
구두	계용묵	디딤돌, 문원, 상문, 대한
그믐달	나도향	블랙, 태성
꼴찌에게 보내는 갈채	박완서	태성
나무	이양하	상문
나무의 위의	이양하	문원, 태성
낭객의 신년 만필	신채호	두산, 블랙, 한교
딸깍발이	이희승	지학, 디딤돌, 청문
멋없는 세상 멋있는 사람	김태길	중앙
무궁화	이양하	디딤돌
백설부	김진섭	지학, 천재, 형설, 태성, 청문
생활인의 철학	김진섭	지학, 태성
수필	피천득	지학, 천재, 한교, 태성, 청문
수학이 모르는 지혜	김형석	청문
슬픔에 관하여	유달영	문원, 중앙
웃음설	양주동	교학, 태성
은전 한 닢	피천득	금성, 대한
이야기	피천득	지학, 청문
인생의 묘미	김소운	지학
지조론	조지훈	블랙, 한교
청춘 예찬	민태원	금성, 블랙
특급품	김소운	교학
폭포와 분수	이어령	지학, 블랙
피딴 문답	김소운	디딤돌, 금성, 한교
행복의 메타포	안병욱	교학
헐려 짓는 광화문	설의식	두산

베스트 논술 한국대표문학 ㉒

메밀꽃 필 무렵 외

지은이 이효석
펴낸이 류성관
펴낸곳 SR&B(새로본닷컴)
주 소 서울특별시 마포구 망원동 463-2번지
전 화 02)333-5413
팩 스 02)333-5418
등 록 제10-2307호
인 쇄 만리 인쇄사